그리니치 천문대에 우주의 비밀을 묻다!

알렉스 프리스, 앨리스 제임스 글

데이비드 J 플랜트 그림

조 레이, 태비사 블로어 디자인
에드 블루머 박사(그리니치 천문대) 협업 및 감수
이강환 옮김

어린이가 그리니치 천문대에 물은 실제 질문들이에요.

우주 비행사들은 얼마나 높이 날아요?

우주에 가려면 비용이 얼마나 들어요?

우주에는 은하가 몇 개나 있어요?

블랙홀이 뭐예요?

우주에 있는 것들은 왜 둥근가요?

별이 빛을 잃을 수도 있나요?

우주에서 가장 이상한 물체는 뭐예요?

화성에서 사람이 살게 될까요?

우주에는 위성이 얼마나 많아요?

태양의 빛과 열은 어떻게 만들어져요?

우주 비행사가 되려면 어떻게 해야 하나요?

우주에는 끝이 있나요?

영국 왕립 그리니치 천문대는…

천문학과 항해술을 연구하기 위해 1675년 영국의 그리니치에 세워졌어요.
태양·달·행성·항성의 위치를 정밀 관측하는 등 천문학 발전을 이끌어 왔지요.
이 책은 그리니치 천문대의 천문학자들이 어린이에게 자주 받는 흥미로운 질문들과
어린이에게 꼭 알려 주고 싶은 천문학적 사실들을 모아 엮었답니다.

우주에 관해 더 많은 자료를 찾고 싶다면, 어스본 바로가기(usborne.com/quicklinks)에서
'**Big questions about the universe**'를 입력해 보세요. 국제 우주 정거장에 있는
우주 비행사를 찾아가거나 화성 탐사 로봇 '로버'를 따라가 볼 수 있답니다.

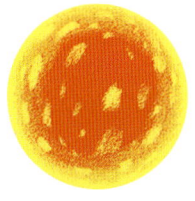

차례

제1장
우주의 시작 6
우주는 무엇이고, 어디에 있나요? 또 우주에는 무엇이 있을까요?
우주에 관해서 우리는 얼마나 알고 있을까요?

제2장
태양계 18
행성과 위성에서부터 혜성과 소행성에 이르기까지,
태양계에는 무엇이 있고, 무슨 일이 일어나고 있나요?

제3장
별의 비밀 34
별(항성)은 무엇으로 되어 있고, 어떻게 생겨나나요?
별에는 무슨 일이 일어나고 있나요?

제4장
우주로 간 사람들 50
사람들은 우주를 언제, 어디까지, 어떻게 탐험했을까요?
어디를 더 탐험할 예정일까요?

제5장
가장 중요한 질문들 68
우주에 관해 아직 밝혀지지 않은 게 훨씬 더 많아요.
앞으로 무엇을 더 알아보면 좋을까요?

3

Q. 우주란 정확히 무엇인가요?

A. 우주는 '모든 것'을 뜻해요.

우리 한 사람, 한 사람이 모두 우주예요. 사람이 사는 지구도, 태양도 우주예요. 지구와 태양을 포함하는 넓은 공간도 우주고, 태양계 훨씬 너머를 가리킬 때도 우주라는 말을 써요.

우주란 지구 밖을 말하는 건가요?

보통은 그래요. 하지만 정확하게 말하면 우리가 사는 지구도 우주에 포함되어요.

궁금한 게 엄청 많아요.

아주 좋아요.
이 책에는 여러분의 궁금증을 담은 질문과 답이 아주 많아요.
어떤 질문이든 우주를 이해하는 데 도움이 될 거예요.

제1장

우주의 시작

Q. 우주는 어디인가요?

A. 우주는 하늘 저 위를 말해요.
낮에 우리 눈에 보이는 하늘은 사실 **대기**예요.
대기에는 뚜렷한 경계가 없어요.
지상에서 하늘로 올라갈수록 대기가 점점 엷어지면서
희미해지다가 **우주 공간**에 이르러요.

> 그러니까 우주란 저 위에 있는 건가요?

> 그런데 거기에는 뭐가 있나요? 어디서부터 우주예요? 얼마나 멀리 뻗어 있나요?

> 그 질문들에 확실하게 대답하는 건 불가능하지만, 최대한 노력해 볼게요.

우주의 시작

Q. 우주 공간은 무엇으로 이루어져 있나요?

A. 우주 공간은 무언가로 이루어져 있지 않아요.

오히려 그 반대예요. 우주 공간은 비어 있어요.
과학자들은 이 빈 공간을 **진공**이라고도 불러요.

Q. 그러면 우주 공간은 완전히 텅 비어 있나요?

A. 아니요. 우주에는 다양한 것이 있어요.

우선 별(항성)이나 행성 같은 아주 큰 물체가 있고,
혜성, 소행성처럼 비교적 큰 물체와
작은 먼지 덩어리, 연기 같은 것들이 있어요.
하지만 우주 공간은 엄청나게 크기 때문에
대부분 비어 있는 것처럼 보여요.
또한 천체 사이를 떠도는 물질들은
대개 눈에 띄지 않을 만큼 작지요.
어떤 건 **원자**만큼 작아요.

그런데 원자가 뭐예요?

원자는 물질을 이루는 작은 조각이에요.
놀라울 만큼 작지요.
바늘 머리에 수백만 개의 원자가
들어갈 수 있을 정도랍니다.

한 사람이 꼭 맞게 들어갈 크기의 상자를 상상해 보세요.
만약 그 상자에 우주 공간의 일부를 담는다면,
상자 속 원자는 1개에서 10개 정도밖에 안 될 거예요.
우주 공간의 물질들은 이렇게 띄엄띄엄 떨어져 있어요.

Q. 우주는 어디에서부터 시작되나요?

A. 사람마다 의견이 달라요. 지구는 대기로 둘러싸여 있어요.
지구 대기는 원자와, 원자들이 서로 결합한 분자로 이루어져 있지요.
지구에서 가까운 곳은 원자와 분자가 아주 많아서 대기가 매우 두껍고,
지구에서 멀어질수록 원자와 분자의 수가 적어서 대기가 매우 엷어요.
대기가 얼마나 엷어야 우주라고 말할 수 있을까요?
우주의 시작이 어디인지는 사람마다 생각이 다를 수 있어요.

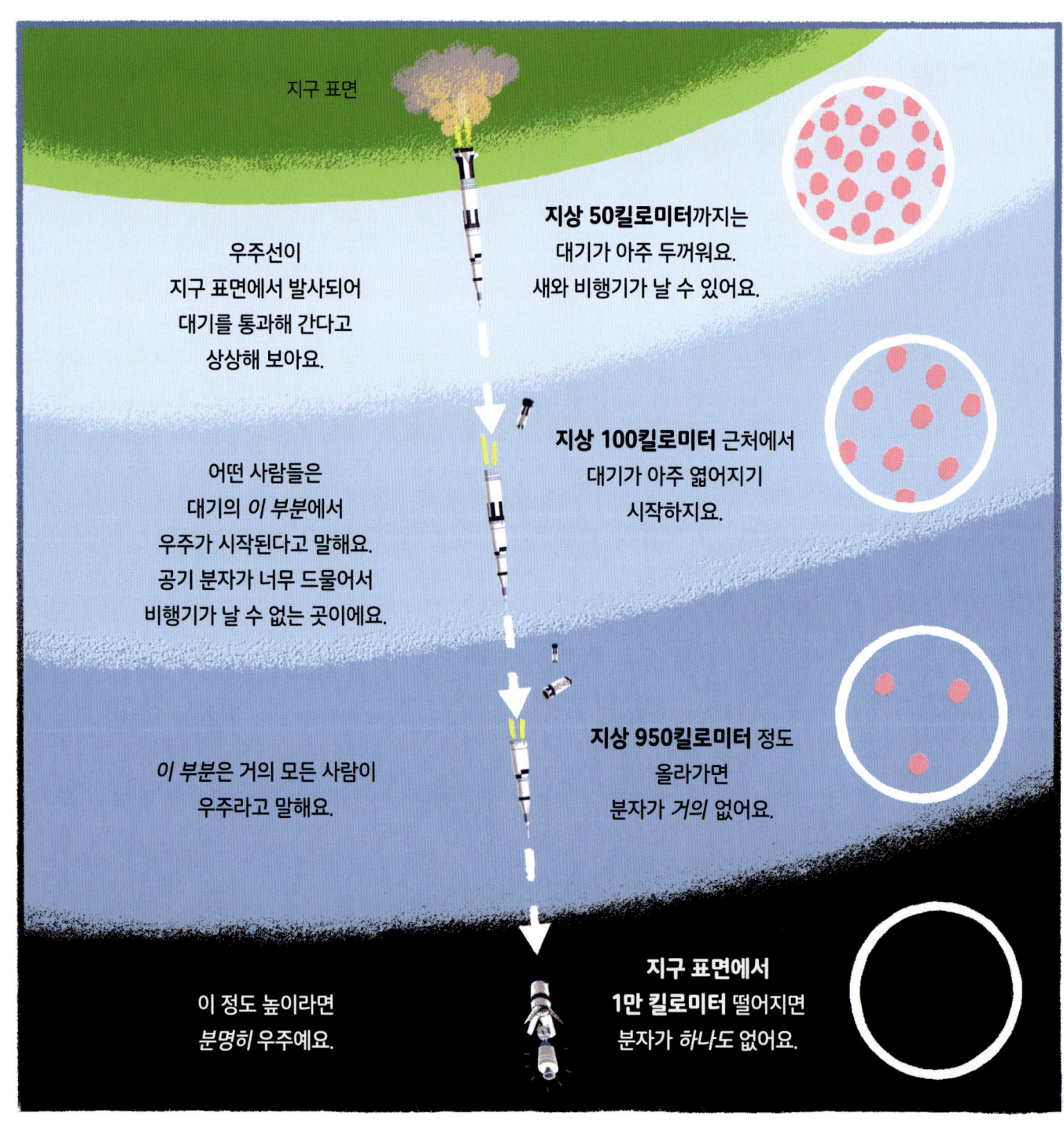

우주의 시작

Q. 우주 비행사는 얼마나 높이 날까요?

A. 지상 100킬로미터 이상 올라가요. 여러 나라 우주국에 따르면, 이 정도로 높이 올라간 사람은 '우주 비행사'라고 불릴 자격을 얻어요. 지구 대기권과 우주를 구분하는 이 영역을 **카르만 선**이라고 불러요. 우주 공간의 경계선을 연구한 학자 '카르만'의 이름에서 따온 거예요. 과학자들은 카르만 선에 많은 관심을 가지고 연구하고 있어요.

슈우웅!

우주에서 지구로 암석이 떨어진다고 상상해 보아요.

지구 표면에서 수천 킬로미터 떨어진 상공에 이르면 우주 망원경이나 인공위성을 지나게 될 거예요.

지구 표면에서 400킬로미터 떨어진 곳에 이르면 국제 우주 정거장을 지나갈 거예요.

훨씬 더 아래로 내려가면 **카르만 선**에 도달해요. 우주 암석은 대기 중에 만난 공기 분자를 아주 세게 밀어내요. 이때 **램 압력***이 생겨나 우주 암석이 타 버려요.

*물체가 공기 중에서 빠르게 움직일 때, 물체 앞쪽에 생기는 강한 압력

카르만 선의 정확한 높이는 지구에서의 시간과 장소에 따라 달라요.

카르만 선 ↗

대부분의 우주 암석은 하늘에서 완전히 타 버려요.

지상

우주 암석이 카르만 선에 부딪히면서 타는 모습을 보여 주는 사진이에요. 과학자들은 이것을 **유성**이라고 부르는데, 사람들은 흔히 '별똥별'이라고도 불러요.

Q. 우주는 얼마나 클까요?

A. 아무도 몰라요. 다만 이렇게 대답할 수는 있어요.
우주 공간을 세상에서 가장 빠른 빛의 속도로 날아가도 우주의 끝에는 절대로 도달하지 못해요. 어떤 방향으로 날아가든 더 넓은 공간이 끊임없이 펼쳐질 거예요. 달리 말하면, 우주는 영원히 계속되는 셈이지요.

Q. 우주에 끝이 있을까요?

A. 어쩌면요. 하지만 우리는 절대 발견할 수 없을 거예요.
우주는 계속해서 **팽창**하고 있거든요. 계속 부풀고 있기 때문에
아무리 멀리멀리 바라본다 해도 절대 끝에 닿을 수는 없어요.
하지만 언젠가 몇 가지를 계산해 낼 수 있을 거예요.
예를 들면, 과학자들은 우주에 있는 물질의 양을
추측해 보고 있어요.

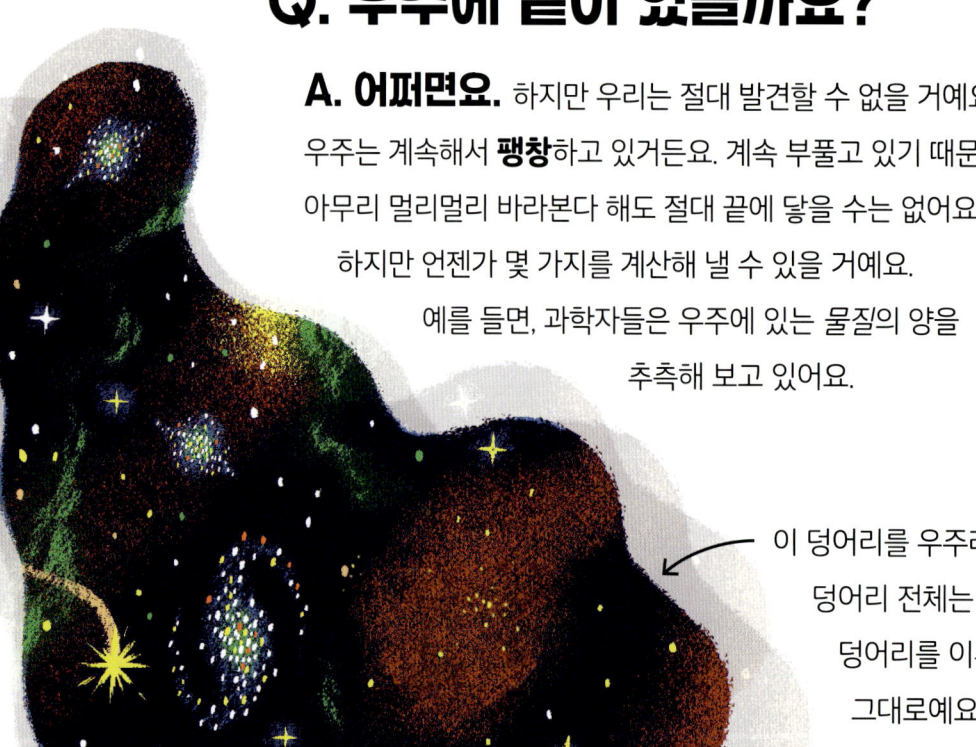

이 덩어리를 우주라고 상상해 보세요.
덩어리 전체는 점점 커지지만,
덩어리를 이루고 있는 물질의 양은
그대로예요.

우주의 바깥이 어떤지는 전혀 몰라요.

우주의 시작

Q. 가장 먼 별(항성)은 얼마나 멀리 있나요?

A. 280억 광년 이상 떨어져 있어요.

우리가 '본' 것으로는 최소한 그 정도예요.
하지만 틀림없이 훨씬 더 먼 곳에도 별이 있을 거예요.
그 별에서 내는 빛이 아직 지구에 다다르지 않았을 뿐이지요.

Q. 광년이란 무엇인가요?

A. 광년은 정말정말 먼 거리를 나타내는 단위예요.

1광년은 빛이 1년 동안 이동하는 거리를 뜻해요. 약 10조 킬로미터지요.
그러니까 *280억 광년*이라는 건…

…진짜 엄청나게 먼 거리예요.

10광년 떨어진 곳에서 새로운 별이 방금 태어났다는 소식을 들었다고 상상해 보세요.
실제로는 불가능한 일이지만 그래도 상상할 수는 있지요. 그러면 별빛이 오기를 기다려야 할 거예요.

기다리고 또 기다리고…

…10년이 지나면,

마침내 그 빛이 지구에 도달해요.

우주 공간을 관찰하는 것은 *과거를 보는 것*이라는 말을 들어 본 적 있나요?
그 별을 보게 된다 해도, 여러분이 보는 건 그 별의 10년 전 모습이에요.

Q. 망원경으로 보면 우주는 어떻게 보이나요?

A. 망원경에 따라 달라요. 일반 망원경은 **광학 망원경**이라고 하는데, 우리가 보는 것을 확대해서 멀리 있는 물체를 더 크게, 더 잘 보이게 해 줘요. 하지만 사람의 눈으로는 전혀 볼 수 없는 것을 찾아내는 특별한 망원경도 있어요.

> 어떻게 우리 눈에 보이지 않는 것을 망원경으로 볼 수 있나요?

> 그걸 이해하려면 빛이 이동하는 방식을 알아야 해요. 빛은 물결처럼 흔들리는 **파동**으로 이동하는데, 사람의 눈은 특정한 형태의 빛 파동만 볼 수 있어요.

빛의 파동은 일정한 움직임을 반복하며 이동해요.
파동이 한 번 나아가는 길이를 **파장**이라고 하는데, 빛마다 파장이 달라요.

이것은 **짧은 파장**의 빛을 나타낸 거예요.

이것은 **긴 파장**의 빛을 나타낸 거예요.

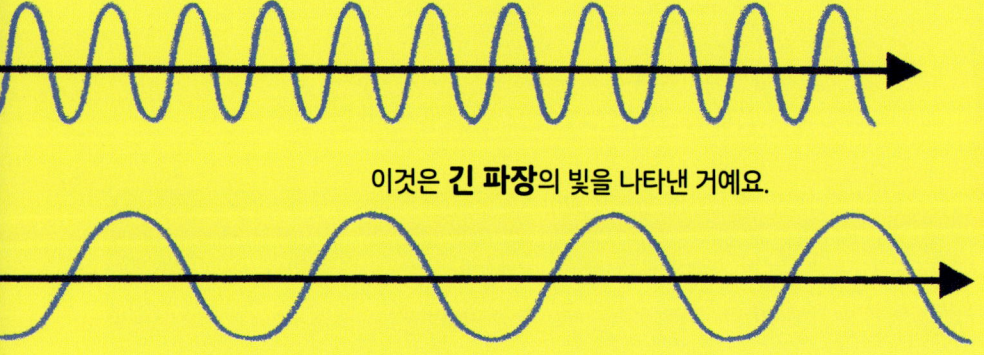

> 빛의 파장이 어느 정도 이상으로 짧거나 길면 사람 눈에는 보이지 않아요. 하지만 사람들은 이를 감지할 수 있는 기계를 만들어 냈지요.

Q. 광학 망원경으로는 무엇을 볼 수 있나요?

A. 광학 망원경으로는 사람 눈이 보는 것과 같은 파장의 빛을 볼 수 있어요. 중간 파장의 빛이지요. 이것들을 **가시광선**이라고 부르는데, 바로 무지개를 이루는 빛이에요.

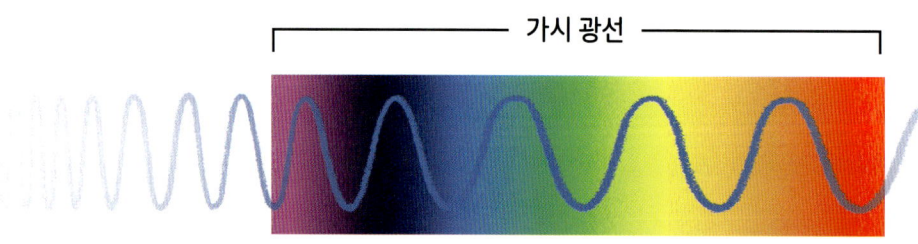

가시 광선

보라색의 파장이 가장 짧고,   빨간색의 파장이 가장 길어요.

우주의 시작

Q. 사람의 눈으로 볼 수 없는 것도 망원경으로는 볼 수 있나요?

A. 네. 감마선, 엑스선, 적외선, 자외선, 마이크로파, 전파 등 다양한 파장을 감지하는 망원경들이 발명되었어요.

이러한 파장을 사진으로 변환하면, 보이지 않던 것도 볼 수 있지요. 천문학자들은 여러 종류의 망원경을 이용해, 우주 공간에 있는 천체의 사진을 멋지게 만들어 내기도 한답니다. 만약 우리 눈으로 직접 천체를 볼 수 있다면, 이렇게 만들어 낸 사진들과는 조금 다르게 보일 거예요.

'게 성운'이라는 천체의 일부를 보여 주는 사진이에요.

세 종류의 우주 망원경으로 관측한 정보를 모아 만들어 냈어요.

허블 우주 망원경 — 가시광선을 감지해요.

스피처 우주 망원경 — 적외선을 감지해요.

찬드라 엑스선 우주 망원경 — 엑스선을 감지해요.

13

Q. 왜 우주에 있는 것은 대부분 둥근 모양인가요?

A. 중력 때문이에요. 중력은 간단히 말하면 물체가 서로 끌어당기는 힘이에요. 물체가 크고 무거울수록 중력이 더 강해요. 예를 들면, 우리는 지구의 중력 덕분에 공중에 떠다니지 않고 땅에 붙어 있어요.

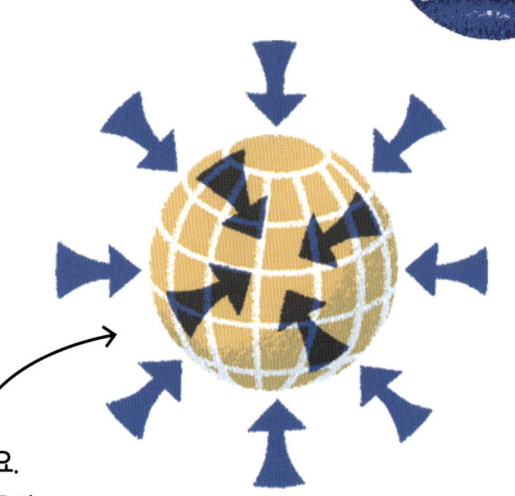

중력은 물체의 모든 방향에서 모든 부분을 같은 힘으로 끌어당겨요. 물체가 충분히 크면, 힘이 균형을 이루어 둥근 공 같은 **구형**이 되지요.

Q. 행성들은 *완전히* 둥근 모양인가요?

A. 아니에요. 예를 들어, 지구는 둥글게 보이지만 완전한 구형은 아니에요. **적도**라고 불리는 가운데 부분이 약간 부풀어 있어요.

지구
적도

다른 행성들도 적도가 부풀어 있나요?

맞아요. 대부분 그래요. 특히 토성이 가장 많이 부풀어 있어요.

토성

우주의 시작

Q. 구형이 아닌 천체도 있나요?

A. 아주 많아요. 크기가 충분히 크지 않으면 구형을 이루지 못해요.
예를 들어, 화성 주위를 도는 '데이모스'와 '포보스'라는 작은 위성이 있어요.
두 위성은 모양이 불규칙한 덩어리예요.
해변에서 볼 수 있는 암석과 비슷하지요.

그러면 작은 천체들은 왜 구형이 아니에요?

화성 →

데이모스

평균 지름
약 12킬로미터

데이모스는 너무 작아서 구형을 만들 정도로 중력이 충분히 강하지 않아요.

포보스

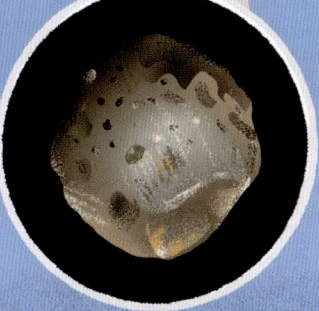

대략의 지름
약 22킬로미터

포보스는 더 크긴 하지만 사실은 하나의 암석이 아니에요. 여러 개의 암석 조각이 모인 덩어리예요. 울퉁불퉁한 돌무더기를 얇은 껍데기 층이 둘러싸고 있지요.

작은 천체 중에는 감자처럼 생긴 것도 있어요. 아래의 암석들을 보세요.
'4 베스타'는 데이모스와 포보스보다 훨씬 더 크지만,
구형을 이룰 만큼 중력이 강해지려면 이보다 더 커야 해요.

951 가스프라

12킬로미터

433 에로스

17킬로미터

243 아이다

31.5킬로미터

4 베스타

525킬로미터

Q. 우주는 어떻게 시작되었나요?

**A. 처음에는 아무것도 없었어요.
그러다가… 한 사건이 일어났어요!**

빅뱅!

'빅뱅(Big Bang)'은 영어로 *대폭발*이라는 뜻이에요.
하지만 실제로 폭발이 일어났던 것은 아니에요.
과학자들이 우주의 시작을 묘사하기 위해 사용하는 이름일 뿐이지요.

소리도 전혀 나지 않았어요. 소리는 공기나 물과 같이
소리가 통과할 수 있는 물질이 있을 때만 존재하기 때문이에요.

우리가 아는 한, 실제로 일어난 일은 우주가 그냥 *갑자기* 나타났다는 거예요.
그 순간부터 시간과 공간도 시작되었지요.

그럼 진짜 빅뱅은 어떤 모습이었나요?

이 덩어리에 '우주 전체'가 들어 있다고 상상해 보아요.

모든 게 한 덩어리 안에 뭉쳐져 있었고 엄청나게 뜨거웠어요.

이 덩어리는 나타나자마자 순식간에 '팽창'했어요.

그 후로도 계속해서 팽창하면서 점점 식었어요.

우주의 시작

Q. 우주는 어떤 모양이에요?

A. 설명하기 힘들어요. 그림으로 그리기도 정말 어려워요.
우주는 **공간**뿐만 아니라 **시간**으로도 이루어져 있기 때문이에요.
우주를 묘사하려면 *시간에 따라 어떻게 변해 왔는지* 보여 줘야 해요.

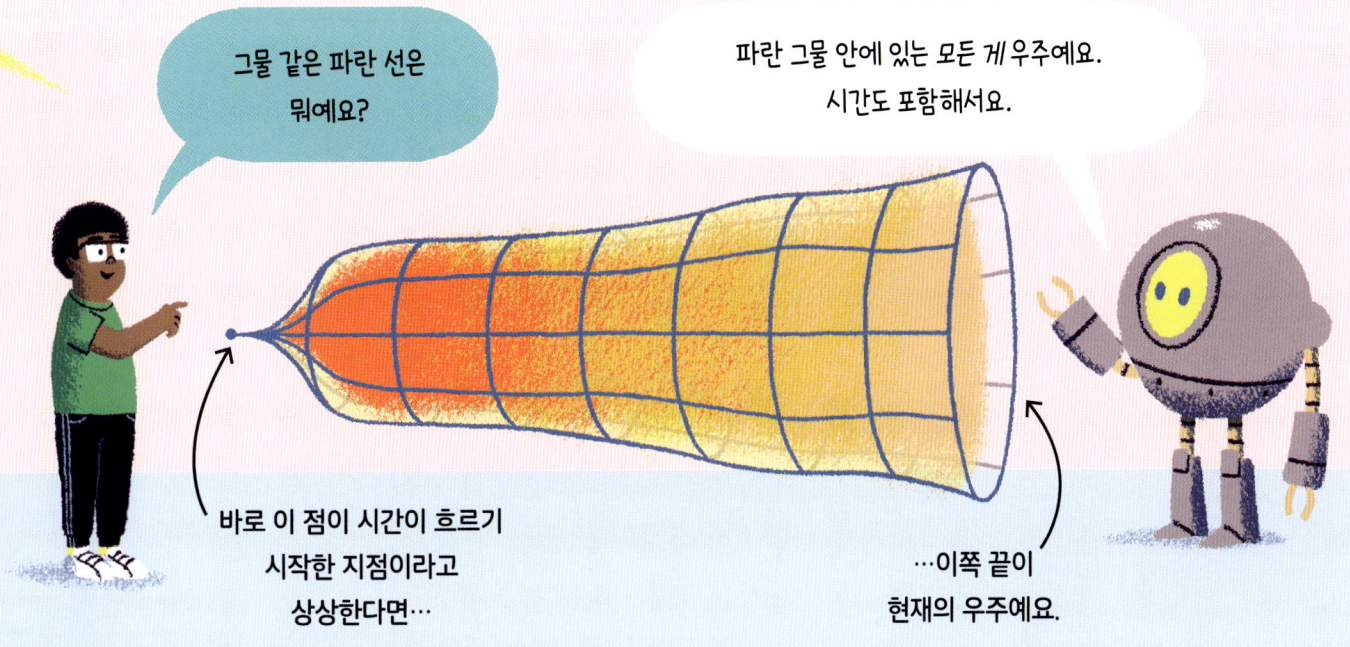

그물 같은 파란 선은 뭐예요?

파란 그물 안에 있는 모든 게 우주예요. 시간도 포함해서요.

바로 이 점이 시간이 흐르기 시작한 지점이라고 상상한다면…

…이쪽 끝이 현재의 우주예요.

Q. 처음에 우주는 어땠어요?

A. 정말, 엄청나게, 상상도 못 할 정도로 뜨거웠어요.

수십만 년 동안 온 우주가 너무 뜨거워서 물질을 이루는 기본 단위인 원자조차
존재할 수 없었어요. 원자를 이루는 재료인 **아원자 입자**들이 있었지만,
뜨거운 곳에서는 입자들이 아주 빠르게 움직이기 때문에
서로 결합할 수 없었지요.

약 37만 년 동안은 우주에 **아원자 입자**밖에 없었어요.

그러다 우주가 점점 식자, 입자들이 뭉쳐서 최초의 **원자**를 만들었어요.

시간이 지난 후 원자들이 모여서 최초의 **별**을 만들었어요.

우리 합칠까?

아직 아니야.

이제 됐어.

나는 별이 될 거야!

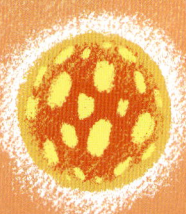

제2장

태양계

Q. 태양계란 무엇인가요?

A. 태양계는 태양과 태양의 주위를 도는 천체들의 모임을 뜻해요.

다른 별들도 태양처럼 자기만의 항성계가 있지요.
우리는 태양계에 속한
지구를 비롯한 여덟 행성과 천체들에 대해
꽤 많은 사실을 밝혀냈어요.
하지만 태양계는 매우 넓어서,
우리가 아직 알아내지 못한 것이 더 많아요.

태양(항성)

수성(행성)

금성(행성)

지구(행성)

달(위성)

화성(행성)

Q. 태양이란 정확히 무엇인가요?

A. 태양은 별(항성)이에요. '플라스마'라는 엄청나게 뜨거운 물질로 만들어진 거대한 공이에요.

태양계에는 별(항성)이 하나밖에 없어요. 하지만 우주에는 별이 두 개인 항성계가 더 많아요. 항성이 두 개이면 **쌍성계**라고 불러요.

Q. 행성이란 무엇인가요?

A. 별(항성) 주위를 도는 천체예요.

행성은 모두 구형 또는 구형에 가까운 모양이지만, 그 밖의 특성은 행성마다 아주 다르답니다.

Q. 왜행성이란?

A. 별(항성) 주위를 도는 둥근 천체예요.

행성과 아주 비슷하지요. 하지만 행성과 다른 점도 있어요. 예를 들면, 왜행성은 행성보다 크기가 작고, 주변에 다른 천체들이 행성보다 더 많아요. 그런데 어떤 것이 왜행성인지는 과학자들마다 의견이 조금씩 달라요. 왜행성은 '왜소행성'이라고도 불러요.

Q. 위성이란?

A. 행성이나 왜행성 주위를 도는 천체예요.

큰 것도 있고, 작은 것도 있지요. 꼭 둥근 모양만 있는 것도 아니에요. 천문학자들은 인공위성과 구별해 **자연 위성**이라고 부르기도 해요.

명왕성은 행성에서 왜행성이 됐다던데요?

맞아요. 또 다른 왜행성인 '세레스'도 200년 전에는 행성으로 불렸어요. 어떤 천체가 어디에 속한다는 판단이 바뀌기도 해요.

태양계

Q. 행성은 무엇으로 이루어졌나요?

A. *자세히는 몰라요.* 지구의 핵에 대해서도 아직 풀지 못한 수수께끼가 남아 있어요. 하지만 어떤 행성은 암석과 금속으로, 어떤 행성은 거의 대부분 기체로 이루어져 있다는 사실을 알아냈어요. 태양계에서 **암석 행성**은 수성, 금성, 지구, 화성뿐이에요. 지금까지 밝혀진 사실로는, 모든 행성은 여러 층으로 이루어져 있어요.

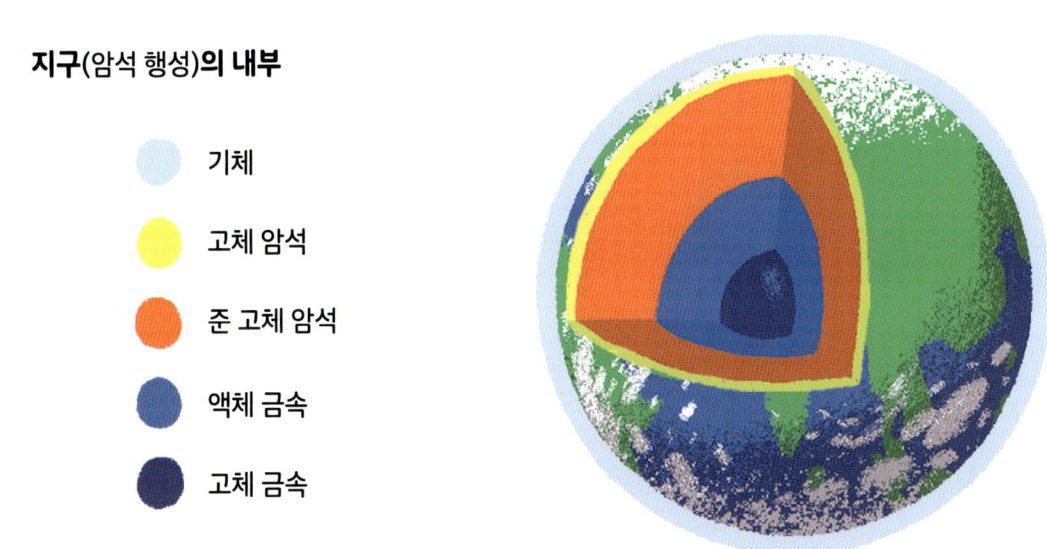

지구(암석 행성)의 내부
- 기체
- 고체 암석
- 준 고체 암석
- 액체 금속
- 고체 금속

태양계에는 4개의 **거대 기체 행성**이 있어요. 목성, 토성, 천왕성, 해왕성이지요. 이 행성들은 엄청나게 커요. 내부에는 기체만이 아니라, 액체도 함께 있을 거예요.

목성(거대 기체 행성)의 내부
- 얇은 기체
- 두꺼운 기체
- 액체 상태로 추측되는 금속

우주선이 목성에 착륙할 수 있을까요?

아마 힘들 거예요. 우주선이 날아서 들어가기에는 기체의 바깥층이 너무 두껍거든요. 만약 들어가더라도, 우주선이 내려앉을 수 있는 고체 부분이 없을 거라고 짐작돼요.

Q. 궤도란 무엇인가요?

A. 어떤 천체가 우주 공간에서 더 큰 천체의 주위를 도는 경로를 말해요.

궤도는 언제나 원형인가요?

완전한 원형 궤도는 거의 없어요. 궤도는 이 그림처럼 길쭉한 타원 모양을 하고 있어요.

태양계에서는 행성, 소행성, 혜성이 모두 궤도를 따라 *태양 주위*를 돌아요.

하지만 달 같은 위성과 인공위성들은 궤도를 따라 다양한 행성 주위를 돌아요.

아래 그림에서 각 천체의 궤도를 점선으로 나타냈어요. 궤도의 모양이 원형에 가까운 것도 있어요.

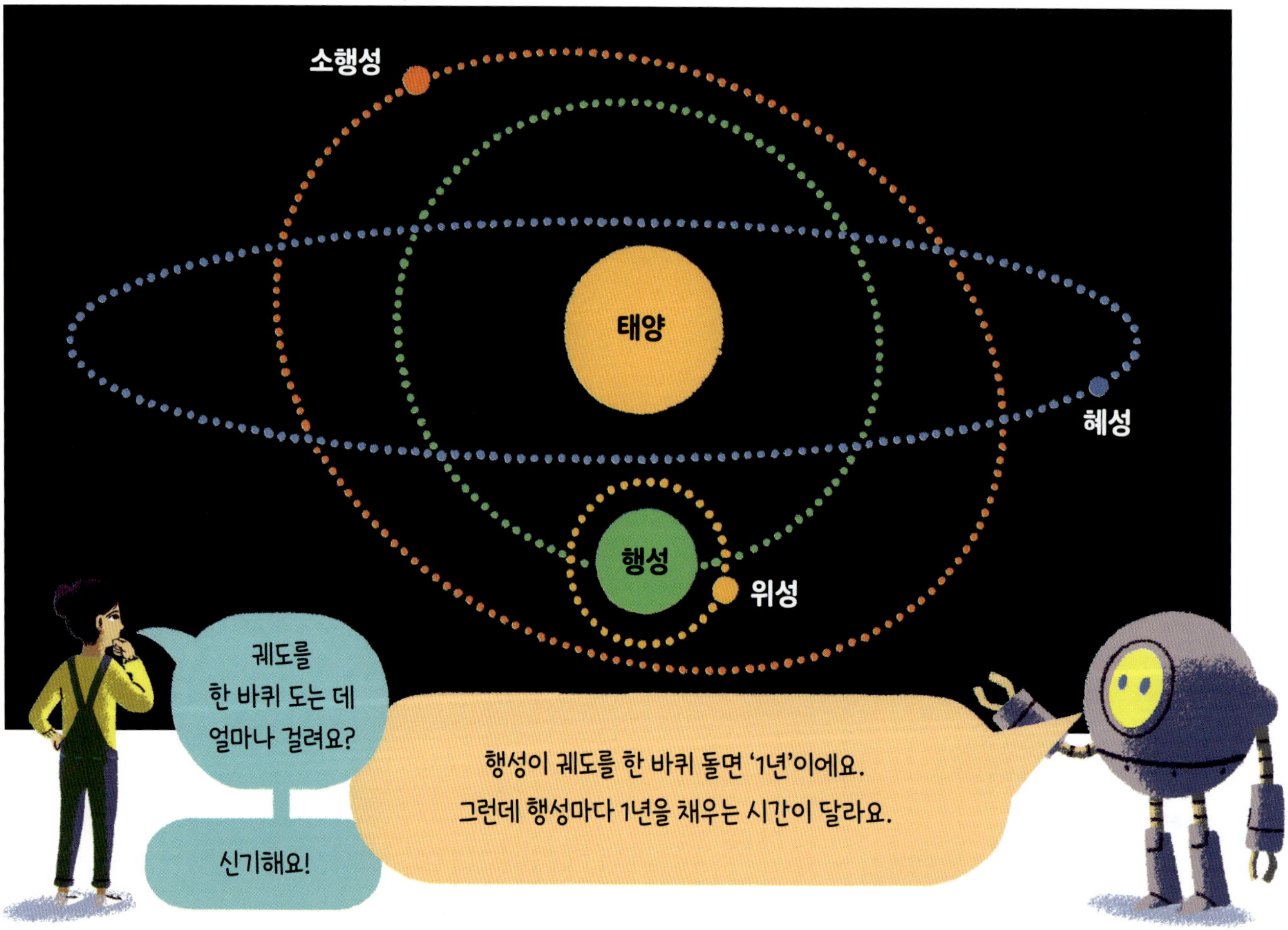

궤도를 한 바퀴 도는 데 얼마나 걸려요?

신기해요!

행성이 궤도를 한 바퀴 돌면 '1년'이에요. 그런데 행성마다 1년을 채우는 시간이 달라요.

Q. 수성의 1년은 얼마나 되나요?

A. 지구 날로 88일이에요. 지구 1년의 4분의 1 정도밖에 안 되지요. 수성은 태양에서 그다지 멀지 않은 곳에서 궤도를 돌아요.

1년의 길이

- **수성**의 1년 = 88일
- **금성**의 1년 = 225일
- **지구**의 1년 = 365일
- **화성**의 1년 = 687일
- **목성**의 1년 = 4,333일
- **토성**의 1년 = 10,759일
- **천왕성**의 1년 = 30,687일
- **해왕성**의 1년 = 60,190일

Q. 수성의 하루는 얼마나 되나요?

A. 1,408시간이에요. 지구에 비하면 아주아주 느릿느릿 자전한다는 뜻이에요. 수성이든 지구든, 모든 행성이 **자전축**을 중심으로 회전해요.

자전축

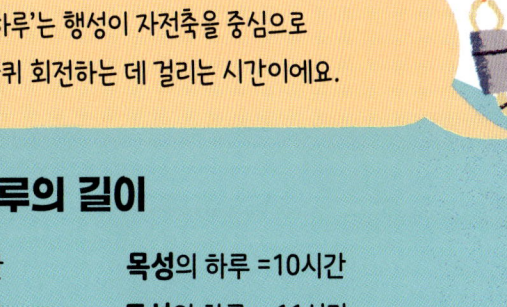

하루가 정확하게 뭐예요?

'하루'는 행성이 자전축을 중심으로 한 바퀴 회전하는 데 걸리는 시간이에요.

하루의 길이

- **수성**의 하루 = 1,408시간
- **금성**의 하루 = 5,832시간
- **지구**의 하루 = 24시간
- **화성**의 하루 = 25시간
- **목성**의 하루 = 10시간
- **토성**의 하루 = 11시간
- **천왕성**의 하루 = 17시간
- **해왕성**의 하루 = 16시간

Q. 소행성이란 무엇인가요?

A. 태양 주위 궤도를 도는 우주 암석이에요.

소행성은 행성이나 왜행성보다 크기가 작고, 모양이 다양해요.

소행성이 행성과 충돌하는 일이 얼마나 자주 일어나요?

아무도 모르지만, 적어도 하루에 몇 번씩은 일어날걸요.

때때로 소행성의 궤도가 행성에 너무 가까우면, 소행성이 그 행성으로 끌려가기도 해요. 그러면 **운석**이라고 불리는 작은 암석으로 부서져요.

Q. 소행성은 얼마나 많아요?

A. 백만 개가 넘을 거예요.

그런데 이건 폭이 1킬로미터를 넘는 소행성만 센 거예요. 틀림없이 더 많을 거예요.

태양계의 화성과 목성 사이 어떤 영역에는 무수히 많은 소행성이 있어요. 이 영역은 **소행성대**라고 불러요. '소행성으로 이루어진 띠'라는 뜻이지요.

하지만 실제로는 이름처럼 소행성으로 붐비지는 않아요. 왜냐하면 소행성들은 서로 평균 수천 킬로미터나 떨어져 있거든요.

Q. 소행성도 이름이 있나요?

A. 그럼요. 소행성의 이름에는 숫자도 붙어 있어요.

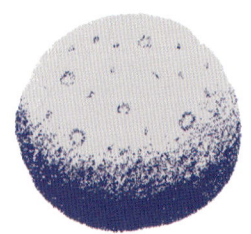

1 세레스는 아주 커요. 처음에는 소행성으로 불리다가, 다시 왜행성으로 분류되었어요. 소행성대에 있기 때문에, 여전히 소행성으로 부를 때도 있어요.

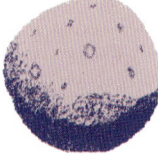

2 팔라스

다음은 관측 초기에 차례차례 발견된 7개의 소행성이에요. 거의 매일 새로운 소행성이 발견되고 있지요.

3 주노

4 베스타

5 아스트레아

6 헤베

7 이리스

태양계

Q. 혜성이란 무엇인가요?

A. 별(항성) 주위를 독특한 타원 궤도로 돌고 있는 얼음 천체예요.

혜성의 궤도는 유달리 길쭉해요. 어느 구간에서는 별에 매우 가깝게 다가가지만, 다른 구간에서는 까마득히 멀리 떨어져요.

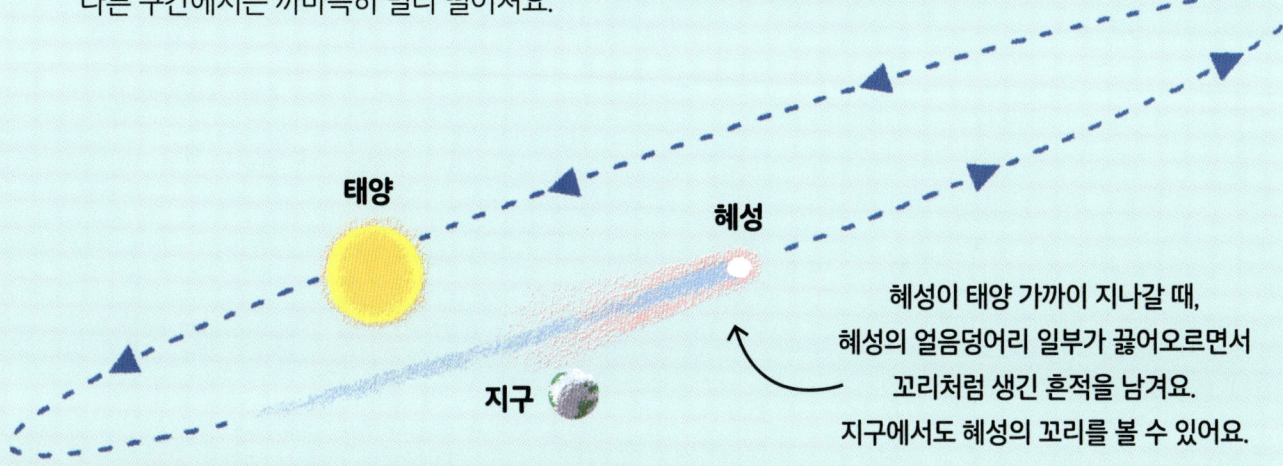

혜성이 태양 가까이 지나갈 때, 혜성의 얼음덩어리 일부가 끓어오르면서 꼬리처럼 생긴 흔적을 남겨요. 지구에서도 혜성의 꼬리를 볼 수 있어요.

Q. 혜성도 이름이 있나요?

A. 그럼요. 혜성들은 대부분 이름을 두 개 이상 가지고 있어요.

하나는 혜성이 처음 발견된 시점에 따라, 또 다른 이름은 그 혜성을 발견한 사람이나 기계 이름을 따서 붙일 때가 많아요.

지금까지 천문학자들이 발견한 혜성은 4,500개가 넘어요.
실제로는 태양계에만 1조 개쯤 있을 거예요.
대부분은 **오르트 구름**으로 알려진 아주 먼 지역에 있어요.
이 영역에 대해서는 아직 알려진 게 적어요.

저게 혜성인가요?

맞아요. 저건 'C/1995 O1'의 사진이에요.
1995년에 첫 번째로 발견된 혜성이지요.
이 혜성을 동시에 각각 발견한
두 사람의 이름을 따서
'헤일-밥 혜성'이라고도 해요.

Q. 위성은 얼마나 많아요?

A. 천문학자들은 지금까지 태양계에서 200개가 넘는 위성을 발견했어요. 수성과 금성은 위성이 하나도 없고, 지구는 하나, 화성은 2개예요. 아래에 4개의 거대 기체 행성의 위성 이름을 크기가 큰 것부터 순서대로 소개했어요. 이 위성들 말고도 행성 주위를 돌고 있는 아주 작은 천체들이 있는데, 그런 건 **작은 위성**이라고 불러요.

해왕성은 위성이 **14**개예요.

트리톤
프로테우스　네레이드
라리사　갈라테아　데스피나
탈라사　할리메데　나이아드
네소　사오　라오메데이아
프사마테　히포캄프

천왕성은 위성이 **27**개예요.

티타니아
오베론　움브리엘
아리엘　미란다　시코락스
퍽　포르티아　줄리엣　벨린다
크레시다　로살린드　칼리반
데스데모나　비앙카　프로스페로
세테보스　오필리아　코델리아
스테파노　페르디타　마브
프란시스코　마가렛　페르디난드
큐피드　트린쿨로

목성은 위성이 **80**개예요. 공식적인 이름을 가지고 있는 큰 위성들은 다음과 같아요.

가니메데　칼리스토　이오
유로파　아말테아　히말리아　테베
엘라라　파시파에　메티스　카르메　시노페　리시테아
아난케　아드라스테아　레다　칼리로에　테미스토　이오카스테
프락시디케　타이게테　칼리케　메가클리테　디아　헬리케　하르팔리케
헤르미페　티오네　칼데네　아오에데　에우켈라데　이소노에　에이레네
아우토노에　에르사　카르포　에우안테　아이트네　에리노메　에우리도메　헤게모네
아르케　판디아　에우포리에　에우페메　텔크시노에　오르토시에　므네메　헤르세　칼레
필로프로시네　칼리코레　파시테　코레　실레네　스폰데　발레투도

위성의 이름은 대부분 그리스, 로마, 바이킹, 이누이트, 켈트 신화에서 따왔어요.
천왕성의 위성 이름은 윌리엄 셰익스피어의 희곡 작품에 등장하는 인물에서 따온 게 많아요.

태양계

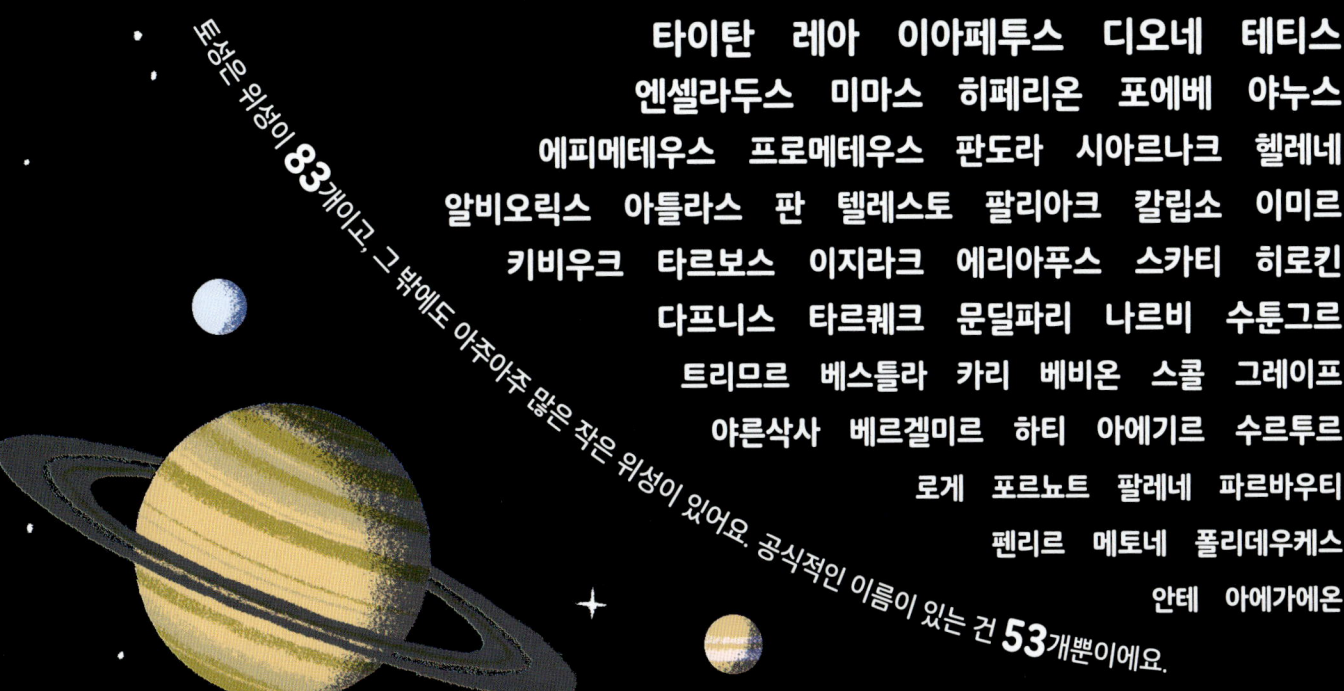

타이탄 레아 이아페투스 디오네 테티스
엔셀라두스 미마스 히페리온 포에베 야누스
에피메테우스 프로메테우스 판도라 시아르나크 헬레네
알비오릭스 아틀라스 판 텔레스토 팔리아크 칼립소 이미르
키비우크 타르보스 이지라크 에리아푸스 스카티 히로킨
다프니스 타르퀘크 문딜파리 나르비 수툰그르
트리므르 베스틀라 카리 베비온 스콜 그레이프
야른삭사 베르겔미르 하티 아에기르 수르투르
로게 포르뇨트 팔레네 파르바우티
펜리르 메토네 폴리데우케스
안테 아에가에온

토성은 위성이 **83**개이고, 그 밖에도 아주아주 많은 작은 위성이 있어요. 공식적인 이름이 있는 건 **53**개뿐이에요.

Q. 왜행성은 얼마나 많아요?

A. 지금까지 천문학자들은 태양계에서 5개의 왜행성을 발견했어요.

하지만 아마 더 많을 거예요.

왜행성도 위성이 있나요?

그럼요. 명왕성은 5개, 에리스는 1개, 하우메아는 2개, 마케마케는 1개의 위성이 있어요.

왜행성

세레스 — 화성과 목성 사이에서 발견되었어요.

명왕성 ⎤
에리스 ⎥ **카이퍼대**라고 하는 먼 지역에서 발견되었어요.
하우메아 ⎥
마케마케 ⎦

Q. 지구는 왜 특별한가요?

A. 물이 있기 때문이에요. 지구에는 물이 아주아주 많아요.

우주에서도 보일 정도로 많은 양의 물 덕분에
지구는 다른 행성과 아주 큰 차이점을 갖게 됐어요.

물속과 물 위, 물 근처에서 수백만 종의 생물이 살아가지요.
그래서 지구를 특별하다고 말하는 거예요.

그런데 지구에는 물이 왜 그렇게 많아요?

아직 정확하게는 몰라요. 하지만 지구의 모든 생명체가 물 덕분에 살아가고 있는 것만은 분명해요.

태양계

지구에 또 다른 특별한 점이 있나요?

우리가 알기로, 지구는 땅이 움직이는 유일한 행성이에요. 우리가 느낄 수는 없지만, 발밑 저 깊은 곳에서 땅이 천천히 움직이고 있지요.

육지와 바다 바로 아래에 있는 **지각**은 움직이는 판으로 이루어져 있어요. 이것을 **지각판**이라고 불러요.

지각판이 움직이면서 지구 내부의 물질이 순환하고, 생명체에 필요한 영양분이 바다로 퍼져나가요.

Q. 생명체는 어디에서 왔나요?

A. 그건 정말로 아무도 몰라요.

우리는 생명체가 지구에서 살 수 있는 *이유*는 알아요. 하지만 생명체가 지구에 *생겨난 원인*은 몰라요. 생명체가 지구에서 살 수 있는 가장 중요한 이유는, 지구가 태양계에서도 특별한 위치에 있다는 거예요. 과학자들은 지구가 있는 위치를 **골디락스 지역**이라고 불러요.

왜 그렇게 불러요?

너무 뜨겁지도 않고, 너무 차갑지도 않은, 딱 적당한 죽을 먹고 싶었던 금발 머리 소녀의 이야기에서 따온 거예요.

'골디락스와 곰 세 마리'요.

수성은…
너무 뜨거워요.

해왕성은…
너무 차가워요.

지구는…
딱 적당한 태양 빛이 도달해요.

엄청난 태양 빛 때문에 생명체가 순식간에 타 버릴 거예요.

태양의 따뜻한 열이 도달하기에는 너무 멀어서, 생명체가 얼어 버릴 거예요.

물이 모두 얼지 않을 정도로 따뜻하면서 모두 증발해 버릴 정도로 뜨겁지는 않아요. 또한 지구의 대기는 열을 가두고 위험한 방사선은 반사해요.

Q. 다른 행성에도 생명체가 있을까요?

A. 적어도 태양계 안에는 없을 거예요.
하지만 금성과 화성도 골디락스 지역이라고 말하는 과학자들도 있어요. 이 행성들에서 생명체의 신호를 발견할 가능성이 가장 크다는 뜻이지요. 실제로 그럴 법한 특징을 몇 가지 찾을 수 있어요.

금성

과학자들은 금성의 상층 대기에서 기체 상태의 엷은 수증기 구름을 발견했어요.

수십억 년 전에는 금성에 바다가 있었을 가능성도 있지만, 이미 끓어올라 사라졌을 거예요.

그런데 2020년에 과학자들이 금성 대기에서 생명 유지에 필요한 화학 물질을 처음으로 발견했어요.

— 금성에서 생명체의 흔적을 찾았다고요?

— 생명체 발견에 한 걸음 다가간 거네요.

— '포스핀'이라는 화학 물질을 발견했습니다! 지구에서는 주로 생물이 만들어 내는 물질이지요.

— 이것은 금성에 실제로 생명체가 있었다는 증거가 될 수 있습니다. 아마도, 어쩌면요. 하지만 아닐 수도 있어요. 너무 흥분하지는 마세요.

태양계

탐사 로봇 로버가 화성에서 물을 발견했어요. 거대한 호수 같은 것은 아니고, 암석에 갇힌 약간의 얼음과 물 분자예요.

화성

삐삐 삐비빅
우웅
무우우울

또한 화성 표면 아래에서 생명체와 연관 지을 수 있는 중요한 화학 물질을 발견했어요.

Q. 물이 왜 그렇게 중요한가요?

A. 물이 있는 곳에는 생명체가 존재할 수 있으니까요.

적어도 우주 생물학자들은 그렇게 주장해요.
지구에서는 물이 없으면 거의 아무것도 생존할 수 없어요.
아마 다른 행성에서도 마찬가지일 거예요.

31

Q. 물이 있는 천체가 또 있나요?

A. 몇몇 위성에도 물이 있고, 수성에도 있어요.

제대로 찾아 보기만 한다면, 그리고 어떤 형태든 상관없다면… 물은 얼마든지 있어요. 다음은 과학자들이 물을 발견했거나 앞으로 발견할 것으로 *기대하는* 후보들이에요.

엔셀라두스
토성의 위성이에요. 차가운 간헐천에서 물을 내뿜어요. 과학자들은 엔셀라두스의 얼음 표면 아래는 전부 바다일 거라고 생각해요.

유로파
목성의 위성이에요. 얼음으로 덮여 있어요. 얼음 표면에 보이는 선들은 최근에 물이 흘렀다는 증거로 볼 수 있어요.

가니메데
목성의 위성이에요. 두꺼운 지각 아래에 따뜻하고 습하고 짠 바다가 있을 수 있어요.

칼리스토
목성의 위성이에요. 표면에는 약 125킬로미터 두께의 얼음층이 있어요. 엄청난 양의 얼음이지요.

수성
너무 뜨거워서 물이 있기는 힘들지만, 극 지점에 있는 그늘진 구멍(분화구)에는 얼음이 있을 수 있어요.

미마스
토성의 위성이에요. 이 천체는 사실 커다란 눈덩이예요.

태양계

얼음이나 물을 새로 발견하는 건 언제나 흥미진진하고 중요한 일이에요.
과학자들은 계속해서 또 다른 곳을 찾아내요. 물이 있다고 밝혀진 천체는 해마다 늘어나지요.

한편, 달의 어두운 부분에서는…

Q. 지구의 물은 어디에서 왔나요?

A. 과학자들은 두 가지 가능성을 생각해요.

1. 혜성은 주로 얼음으로 이루어져 있어요. 오래전에 혜성들이 지구 표면에 떨어지면서 얼음이 녹아 물이 되었을 거예요.

2. 수십억 년 전, 지구 지각 아래에서 뜨거운 암석과 기체가 서로 뒤섞이면서 화학 반응을 일으켰어요. 그때 분출된 증기가 식어서, 결국 물이 되었을 거예요.

2번의 가능성은 확인하기가 몹시 어려워요. 천문학자들은 혜성의 얼음을 조사해 1번의 가능성을 확인해 보았어요. 그런데 혜성의 얼음은 지구의 얼음과 꽤 달랐어요. 하지만 이 가능성을 완전히 제외하려면 훨씬 더 많은 혜성을 확인해 보아야 해요.

제3장

별의 비밀

Q. 별은 얼마나 많아요?

A. 말 그대로, 셀 수 없을 만큼 많아요.
우리가 볼 수 있는 우주는 전체 우주의 일부분이에요.
천문학자들은 우리가 볼 수 있는
범위만 고려해도 약 *1셉틸리언 개*의
별(항성)이 있다고 계산했어요.

과학에서 별은 스스로 빛을 내는 천체,
즉 항성을 뜻해요.

꽤 많은 것 같은데,
1셉틸리언은 얼마나
큰 수인가요?

1셉틸리언은 1,000,000,000,000,000,000,000,000(10^{24})이에요.
지구에 있는 모래알의 수보다 많아요!
하지만 망원경이 없으면
그 중에서 몇 천 개밖에
볼 수 없어요.

별의 비밀

Q. 별이란 정확히 무엇인가요?

A. 대부분의 별은 엄청난 열과 빛을 뿜어내는 거대한 공이에요.

> 왜 전부가 아니라 '대부분'이에요?

> 별은 종류가 다양하고, 수백만 년, 때로는 수십억 년 동안 여러 단계를 거쳐 변하거든요. 그 과정에서 열과 빛을 내지 않는 경우도 있어요.

Q. 태양은 어떤 종류의 별이에요?

A. 태양은 'G형 주계열*' 별(항성)이에요.

때로는 '황색왜성'이라고도 불러요.

*온도가 높아질수록 더욱 밝아지는 별

35

Q. 태양은 무엇으로 이루어져 있나요?

A. 태양은 주로 수소와 헬륨으로 이루어져 있어요.

하지만 이 물질들은 기체 상태가 아니라 **플라스마**라는 독특한 상태로 존재해요.
플라스마란, 원자가 아주 큰 열과 압력을 받아 뜨겁고 반짝이는 가스처럼 변한 거예요.
그래서 태양은 불타는 것처럼 강한 열을 내뿜으며 빛나요.

> 우주 비행사가 태양에 가까이 갈 수 있을까요?

> 불가능해요. 다만 2024년에 '파커 태양 탐사선'이라는 무인 탐사선이 태양에서 약 600만 킬로미터 거리까지 다가갔어요.

Q. 태양은 얼마나 뜨거운가요?

A. 가장 뜨거운 부분인 핵은 약 1,500만 도(℃)예요.

태양의 가장 차가운 부분인 표면도
지구의 가장 뜨거운 부분인 핵보다 더 뜨거워요.

Q. 태양에서는 무슨 일이 일어나나요?

A. 태양은 수소를 헬륨과 빛으로 바꾸는 공장과 비슷해요.

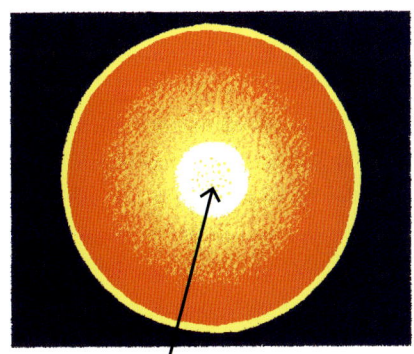

태양의 핵에는 아주 뜨겁고 어마어마하게 많은 수소 원자가 매우 빽빽하게 모여 있어요.

수소 원자들은 끊임없이 충돌해요. 그중 많은 원자가 튕겨 나가지 않고 서로 결합해요. **핵융합**을 하는 거예요.

수소 원자가 융합할 때마다 뜨거운 헬륨 원자와 엄청난 빛이 생겨나요.

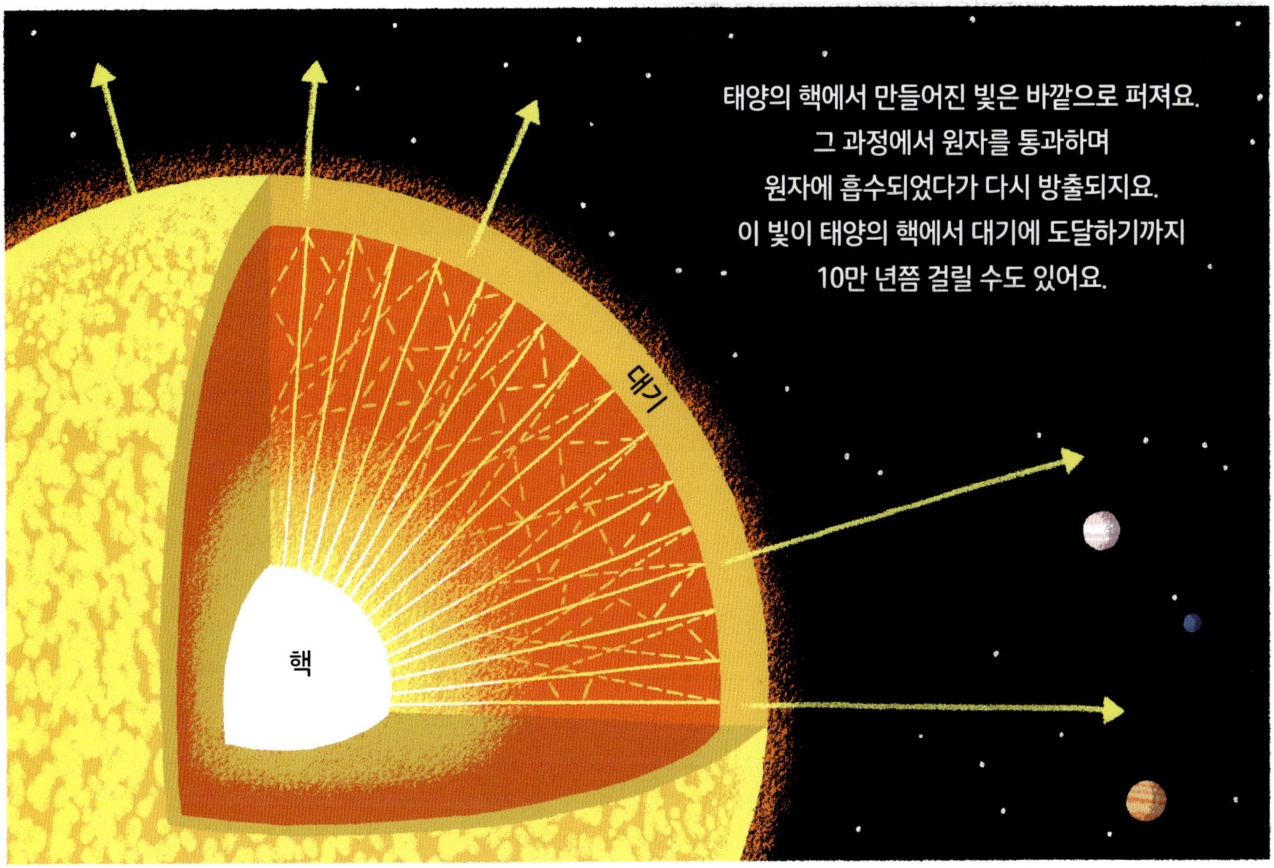

태양의 핵에서 만들어진 빛은 바깥으로 퍼져요. 그 과정에서 원자를 통과하며 원자에 흡수되었다가 다시 방출되지요. 이 빛이 태양의 핵에서 대기에 도달하기까지 10만 년쯤 걸릴 수도 있어요.

천문학자들은 태양 내부에 여러 층이 있으며, 그 사이에서 복잡한 화학 반응이 일어난다는 것은 알아냈어요. 아직 더 연구해야 할 게 많지만, 태양의 대기로부터 우주 공간으로 뻗어나간 빛이 주변 행성들에 영향을 주는 것은 확실하지요.

Q. 어떤 종류의 별이 있나요?

A. 별(항성)의 종류는 아주 다양해요.

분류하는 기준이 여러 가지인데, 그 중 하나는 별의 온도에 따라 나누는 거예요. 태양처럼 온도가 높아질수록 더 밝아지는 **주계열 별**은 7가지로 나눌 수 있어요. 대개 별이 뜨거울수록 크기도 더 커요.

O형
33,000K 이상
(32,700℃ 이상)

별의 예: 땅꾼자리 제타

잠깐만요, '33,000K'가 무슨 뜻이에요?

'K'는 절대온도 켈빈을 나타내요. 과학자들이 아주 뜨겁거나 찬 온도를 측정할 때 쓰는 특별한 단위예요.

B형
10,500~30,000K
리겔

A형
7,500~10,000K
알테어

F형
6,000~7,200K
프로키온

G형
5,500~6,000K
태양

K형
4,000~5,250K
인디언자리 엡실론

M형
2,600~3,850K
프록시마 센타우리

별의 비밀

Q. 가장 밝은 별은 무엇인가요?

A. '밝기'가 무엇을 뜻하는지에 따라 달라요.

천문학자들이 말하는 **밝기**는 지구에서 볼 수 있는 별빛의 양을 뜻해요.
별이 내뿜는 전체 빛의 양은 **광도**라고 해요.

그래서 가장 밝은 별은 뭐예요?

그리고 광도가 가장 큰 별은요?

지구에서 보이는 가장 밝은 별은 **태양**이에요!
지금까지 천문학자들이 발견한 별 중에서
광도가 가장 큰 별은 'R136a1'이에요.
이 별은 광도가 태양의 600만 배예요.

카메라로 밤새도록 별을 촬영하면, 사진에는 반짝이는 점이 아니라
빛나는 선이 찍혀요. 별들이 하늘에서 움직이기 때문에
그 흔적이 담기는 거예요.

정확히 말하면, 움직이는 것은 별이 아니라 우리예요.
지구가 자전하기 때문이지요.

Q. 별자리란 무엇인가요?

A. 별들을 몇 개씩 이어서 만든 모양에 이름을 붙인 것을 말해요.

고대부터 사람들은 하늘의 별들을 찾기 쉽게 어떤 모양으로 연결하여 동물, 사물, 신화나 전설 속 인물의 이름을 붙여 왔어요.

이 별자리는 **사냥꾼 오리온**이에요.

별자리의 일부분인 **성군**을 찾으면 별자리를 더 쉽게 찾을 수 있어요.

가운데에 있는 세 개의 별은 '오리온의 허리띠'로 알려져 있는데, 이런 게 성군이에요.

별자리는 전 세계에서 공식으로 정해져 있지만, 성군은 공식으로 정해지지 않아 지역마다 다르게 생각해요.

오리온의 허리띠는 지역에 따라 이렇게도 불러요.

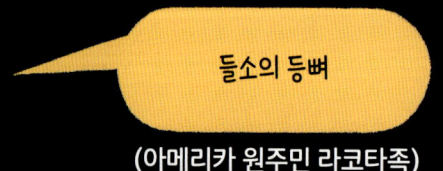

프리그의 실감개
(바이킹)

삼 형제 별
(말레이시아 사람들)

들소의 등뼈
(아메리카 원주민 라코타족)

Q. 별자리의 이름은 지역마다 다른가요?

A. 그렇기도 하고 아니기도 해요.

오랜 시간에 걸쳐 각 지역의 사람들은 저마다 별 집단의 모양을 찾아내고 각기 다른 이름으로 불렀어요. 똑같은 별 집단을 사용하는 일은 거의 없었어요. 그러다가 1930년 **국제 천문 연맹**(IAU)이라는 천문학자 단체에서 공식 별자리 목록을 만들었어요. 이때, 하나의 별은 하나의 별자리에만 속하게 했어요.

별의 비밀

Q. 같은 별자리 안에 있는 별들은 서로 관련이 있나요?

A. 아무 관련도 없어요. 같은 별자리에 속한 별들이 반드시 서로 가깝거나 연결되어 있지는 않아요. 태양계의 다른 행성에서 별자리를 보면 지구에서 보는 것과 비슷한 모양으로 보일 거예요. 하지만 태양계가 아닌 다른 행성계에서 보면 위치와 모양이 달라지겠지요.

Q. 황도 12궁이란 무엇인가요?

A. 옛날부터 전해 오는 12개의 별자리 모음이에요.
각각의 별자리는 지구가 공전하는 동안 태양 빛에 가려지기도 해요. 잠시 보이지 않다가, 매년 대략 같은 시기에 다시 관측할 수 있게 되지요. 북반구에서는 낮은 하늘에서 보이고, 남반구에서는 높은 하늘에서 보여요.

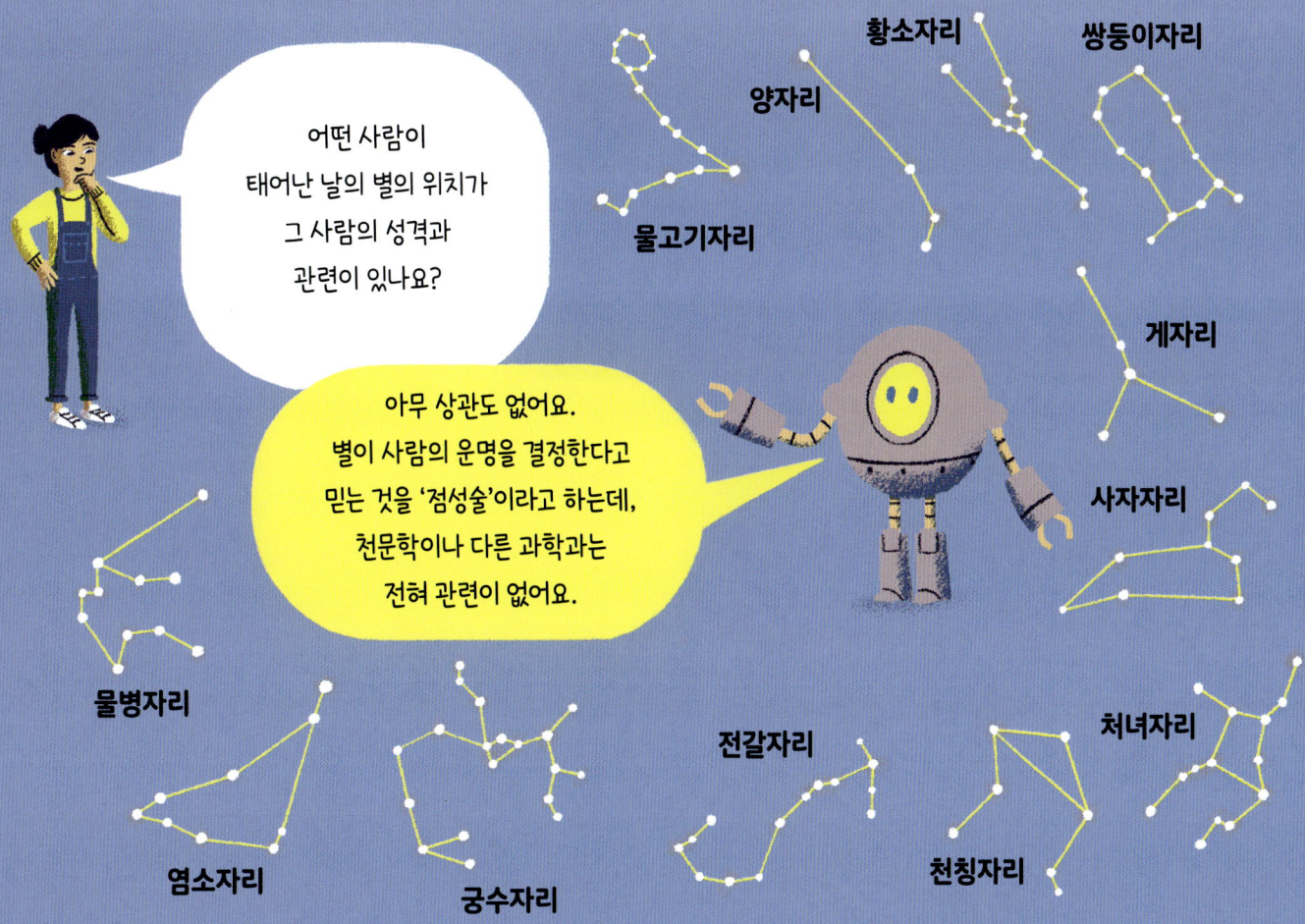

어떤 사람이 태어난 날의 별의 위치가 그 사람의 성격과 관련이 있나요?

아무 상관도 없어요. 별이 사람의 운명을 결정한다고 믿는 것을 '점성술'이라고 하는데, 천문학이나 다른 과학과는 전혀 관련이 없어요.

양자리, 황소자리, 쌍둥이자리, 물고기자리, 게자리, 사자자리, 물병자리, 염소자리, 궁수자리, 전갈자리, 천칭자리, 처녀자리

41

Q. 별자리가 왜 중요한가요?

A. 고대부터 전 세계 사람들은 별자리를 이용해 밤에 길을 찾고, 자신들이 사는 지역에 관해 흥미로운 이야기를 지어냈어요.

게다가 별자리를 찾는 것은 재미도 있어요!

국제 천문 연맹에서는 88개의 별자리를 정했어요. 지구에서 맨눈으로 볼 수 있는 모든 별은 이 88개의 별자리 중 하나에 속해요.

공식적인 이름 - 이름의 뜻 또는 모양

거문고자리 - 리라 또는 하프
게자리 - 게
고래자리 - 바다 괴물
고물자리 - 그리스 신화에 나오는 배 '아르고호'의 고물(배의 뒷부분)
공기펌프자리 - 공기 펌프
공작자리 - 공작
궁수자리 - 궁수
그물자리 - 그물
극락조자리 - 천국의 새
기린자리 - 기린
까마귀자리 - 까마귀
나침반자리 - 그리스 신화 속 '아르고호'의 나침반
날치자리 - 날치

남십자자리 - 남쪽 하늘의 십자
남쪽물고기자리 - 남쪽 하늘의 물고기
남쪽삼각형자리 - 남쪽 하늘의 삼각형
남쪽왕관자리 - 남쪽 하늘의 왕관
도마뱀자리 - 도마뱀
독수리자리 - 독수리
돌고래자리 - 돌고래
돛자리 - 그리스 신화 속 '아르고호'의 돛

두루미자리 - 두루미
마차부자리 - 마차부(마부)
망원경자리 - 망원경
머리털자리 - 고대 이집트의 왕비 '베레니케'의 머리카락
목동자리 - 목동(양치기)
물고기자리 - 물고기
물뱀자리 - 물뱀
물병자리 - 물병을 든 사람
바다뱀자리 - 바다뱀
방패자리 - 방패
백조자리 - 백조
뱀자리 - 뱀
뱀주인자리(땅꾼자리) - 뱀을 쥐고 있는 사람

별자리 이름은 어떻게 지어졌나요?

대부분은 그리스 신화에서 따왔거나, 동물 또는 사물의 라틴어 이름이에요. 아주 오래전에 뱃사람들이 붙인 이름이 많아요.

별의 비밀

북쪽왕관자리 - 북쪽 하늘의 왕관
불사조자리(봉황자리) - 전설 속 새 불사조
비둘기자리 - 비둘기
사냥개자리 - 사냥개
사자자리 - 사자
살쾡이자리 - 살쾡이
삼각형자리 - 삼각형
시계자리 - 시계
쌍둥이자리 - 쌍둥이
안드로메다자리 - 그리스 신화 속 공주
양자리 - 양
에리다누스자리 - 그리스 신화 속 강
여우자리 - 작은 여우
염소자리 - 그리스 신화 속 바다염소
오리온자리 - 그리스 신화 속 사냥꾼
외뿔소자리 - 유니콘
용골자리 - 그리스 신화 속 '아르고호'의 용골
용자리 - 용
육분의자리 - 육분의(방향을 찾는 기구)
이리자리 - 늑대

이젤자리(화가자리) - 화가의 이젤
인디언자리 - 인디언
작은개자리 - 작은 개
작은곰자리 - 작은 곰
작은사자자리 - 작은 사자
전갈자리 - 전갈
제단자리 - 제단
조각가자리 - 조각가의 작업실
조각칼자리 - 조각하는 칼
조랑말자리 - 작은 말
직각자자리 - 직각자(목수의 도구)
처녀자리 - 젊은 여자
천칭자리 - 양팔저울
카멜레온자리 - 카멜레온
카시오페이아자리 - 안드로메다의 어머니
컴퍼스자리 - 컴퍼스
컵자리 - 컵
케페우스(세페우스)자리 - 안드로메다의 아버지

켄타우루스(센타우루스)자리 - 그리스 신화 속 켄타우루스(반인반마)
큰개자리 - 큰 개
큰곰자리 - 큰곰
큰부리새자리 - 큰부리새
테이블산자리 - 테이블산
토끼자리 - 토끼
파리자리 - 파리
팔분의자리 - 팔분의(방향을 찾는 기구)
페가수스자리 - 그리스 신화 속 날개 달린 말
페르세우스자리 - 안드로메다를 구한 그리스 신화 속 영웅
헤르쿨레스자리 - 그리스 신화 속 영웅이자 반신반인
현미경자리 - 현미경
화로자리 - 화로
화살자리 - 화살
황새치자리 - 황새치
황소자리 - 황소

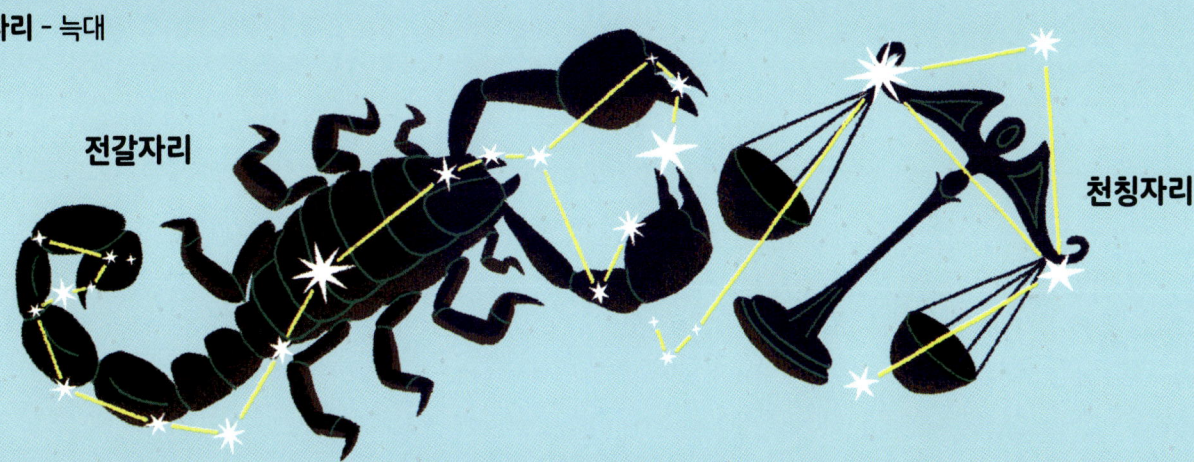

43

Q. 별은 어떻게 만들어지나요?

A. 오래된 별과 주변 행성들이 폭발할 때 남긴 먼지, 기체, 조각들로 만들어져요. 그 과정은 다음과 같아요.

별과 별 사이 아주 광활한 공간인 **성간**에는 **성운**이라고 부르는, 먼지와 기체로 된 거대한 구름이 소용돌이치며 섞이는 곳이 있어요.

우주의 먼지 구름 속 모든 입자는 물체를 자기 쪽으로 끌어당기는 작은 중력을 가지고 있어요.

시간이 지나면서 중력에 이끌린 각각의 입자들이 모여 덩어리가 되어요.

이렇게 되는 데 얼마나 걸리나요?

수십만 년은 걸리지요. 인간에게는 긴 시간이지만, 우주의 역사로 보면 아주 짧은 시간이에요.

덩어리가 커질수록 다른 조각들과 합쳐져서 점점 더 커지고, 그만큼 더 강력해져요.

별의 비밀

결국 두 가지 사건이 시작되어요.

① 덩어리가 점점 공처럼 둥근 모양이 되어요.

② 그 공 모양이 점점 점점 점점 더 뜨거워져요.

이제 원시별이 되었어요. 아직은 별이 아니지만, 별이 되어 가는 과정이에요.

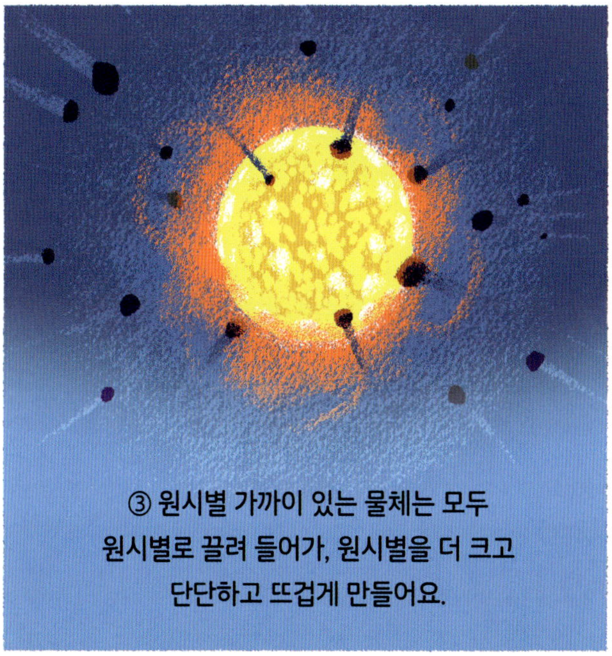

③ 원시별 가까이 있는 물체는 모두 원시별로 끌려 들어가, 원시별을 더 크고 단단하고 뜨겁게 만들어요.

④ 그러는 동안 아주 작은 먼지와 기체 조각들이 원시별 주변에 길고 평평한 접시 모양을 만들기 시작해요.

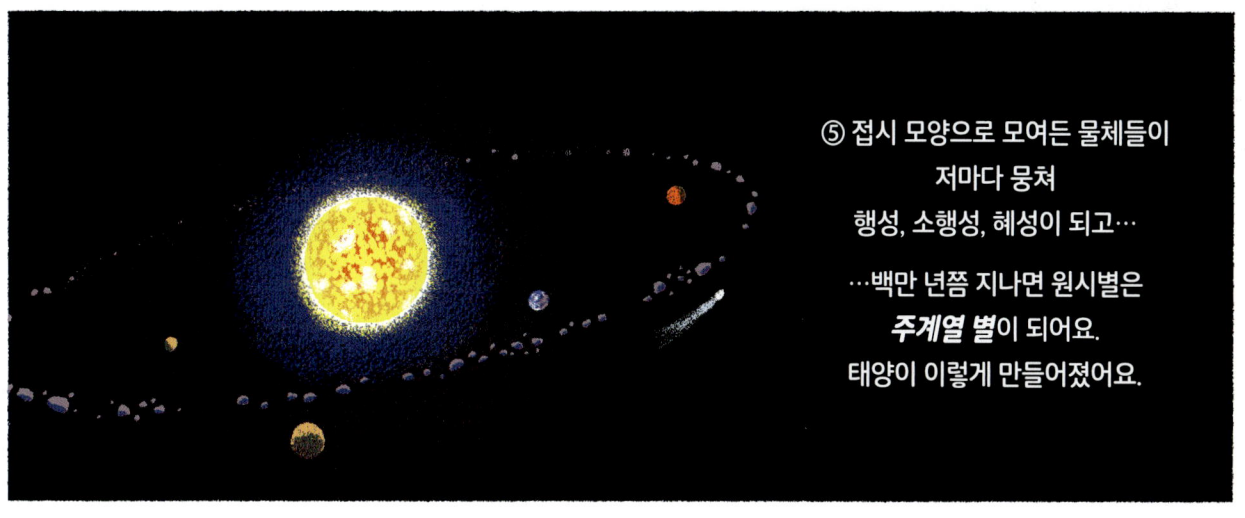

⑤ 접시 모양으로 모여든 물체들이 저마다 뭉쳐 행성, 소행성, 혜성이 되고…

…백만 년쯤 지나면 원시별은 **주계열 별**이 되어요. 태양이 이렇게 만들어졌어요.

45

Q. 별이 더는 빛나지 않을 수도 있나요?

A. 그럼요. 영원히 빛나는 별은 없어요. 모든 별은 언젠가는 빛을 잃어요.
별이 빛나는 이유는, 별 안에 아주 많은 가벼운 물질들이 끊임없이 핵융합을 하기 때문이에요.
하지만 시간이 지날수록 물질들이 결합해서 크고 무거운 덩어리가 되어 핵융합이 어려워져요.

별의 비밀

Q. 별의 수명은 얼마나 되나요?

A. 태양 같은 주계열 별은 적어도 수십억 년은 살아요.
하지만 그만큼 오래 살지 못하는 별도 있어요.
태양보다 수백만 배 더 크고
엄청나게 무거운 별들은
수명이 짧은 편이에요.

그렇게 큰 별은 어떻게 되는데요?

수십만 년 동안
핵융합을 한 다음에…
폭발해요!
엄청난 빛과 함께 폭발하면서
바깥층은 어마어마한
속도로 날아가요.
이 같은 별의 폭발을
'**초신성**'이라고 불러요.

그동안 별의 핵은 계속
수축하고 수축하고 또 수축해서,
작지만 강력한 **중성자별**이나…

…엄청나게
강력한 **블랙홀**만
남아요.

Q. 은하란 무엇인가요?

A. 어마어마하게 거대한 별들의 집단이에요. 지구에서 볼 수 있는 은하는 대부분 굉장히 멀어서 마치 한 점의 빛처럼 보여요. 하지만 아주 성능 좋은 망원경으로 관측하면 다양한 모양의 은하를 볼 수 있어요. 아래 사진에서 몇 가지 은하를 살펴보세요.

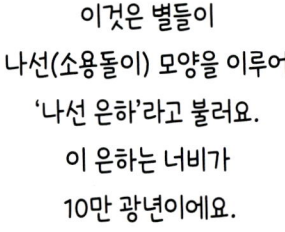

이건 어떤 종류의 은하예요? 얼마나 커요?

이것은 별들이 나선(소용돌이) 모양을 이루어 '나선 은하'라고 불러요. 이 은하는 너비가 10만 광년이에요.

막대 나선 은하 — 중심의 막대 끝에서 두 개의 나선 팔이 뻗어나가요.

불규칙 은하 — 어떤 은하는 별들이 모여 있긴 하지만 뚜렷한 모양은 보이지 않아요.

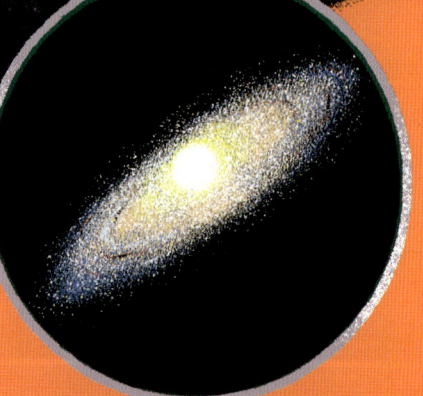

타원 은하 — 뚜렷한 모양이 보이는 은하도 있어요. 주로 길쭉한 타원 모양이에요.

별의 비밀

Q. 은하는 얼마나 많아요?

A. 적어도 1조 개는 넘어요. 하지만 어떤 천문학자들은 그 두 배는 될 거라고 생각해요. 우주 망원경을 사용하면, 빛이 지구에 도달하는 데 130억 년이 걸릴 정도로 멀리 있는 은하를 볼 수 있어요.

이 사진은 허블 우주 망원경으로 촬영한 '허블 익스트림 딥필드'예요. 우주의 작은 영역에 1만 개 이상의 은하가 있는 모습이에요. 아무것도 없는 것처럼 보이는 깜깜한 밤하늘의 한 영역을 오랜 시간 관측해 아주 희미한 빛을 모아 찍은 사진이지요.

우리가 있는 은하는 어디 있어요?

태양계가 속해 있는 은하를 '우리은하'라고 하는데…

…이 사진에서는 볼 수 없어요. 우리은하 전체를 볼 수 있을 만큼 탐사선이 멀리 가지 못했거든요.

우주로 간 사람들

Q. 우주에 간 사람은 모두 우주 비행사인가요?

A. 그렇다고 할 수 있어요! 우주 비행사는 지역에 따라 다른 이름으로 불려요. 미국과 유럽에서는 '아스트로노트(astronaut)', 러시아에서는 우주를 뜻하는 '코스모스(cosmos)'에서 따서 '코스모노트(cosmonaut)', 중국에서는 '태공인(타이코노트, taikonaut)'이라고 불러요.

아스트로노트와 코스모노트는 다른가요?

같은 일을 하는데 이름만 달라요. 아스트로노트는 '별을 여행한다'는 뜻이고, 코스모노트는 '우주를 여행한다'는 뜻이에요.

Q. 우주로 나가지 않고 우주를 탐험할 수도 있나요?

A. 물론이지요. 사람이 우주에 간 것은 60년 정도밖에 되지 않아요. 하지만 사람들은 이미 수천 년 전부터 우주에 관심을 가졌어요.

고대부터 사람들은 행성이나 별을 찾아내고 밤하늘을 가로지르는 별과 행성의 이동을 관찰했어요. 또한 그러한 천체의 여정을 이용해 시간을 알아내고, 요일을 정하고, 밤에도 길을 찾을 수 있었어요. 이 모든 게 **천문학**이라는 과학을 발달시켰어요.

수평선 위에 떠 있는 저 별을 따라가요. 우리를 남서쪽으로 데려다줄 거예요.

Q. 로켓이 나오기 전에는 어떻게 우주를 탐험했나요?

A. 막대기부터 거대 망원경에 이르기까지 온갖 종류의 도구를 사용했어요. 수백 년 동안 사람들이 우주를 탐험하기 위해 어떤 도구를 사용했는지 몇 가지 예를 살펴보아요.

2,000여 년 전 멕시코 마야 문명

이렇게 두 갈래로 갈라진 막대기를 가지고 금성이 지나가는 길을 관측했어요.

관측한 결과를 이용해 달력을 만들었어요.

400여 년 전 유럽

이것은 최초의 망원경 중 하나예요. 이탈리아의 천문학자 갈릴레오가 직접 만들었어요!

1,200여 년 전 페르시아

이것은 '아스트롤라베'라는 작은 금속 원반이에요. 행성을 찾아내는 것부터…

…시간을 계산하는 일까지 1,000가지가 넘는 기능이 있어요.

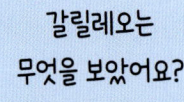

갈릴레오는 무엇을 보았어요?

목성 주위를 도는 4개의 위성을 볼 수 있었어요. 다른 행성의 주위를 도는 위성을 본 것은 갈릴레오가 처음이었어요.

Q. 망원경의 내부에는 무엇이 있나요?

A. 망원경의 핵심 부분은 거울이에요.

망원경으로 들어온 빛은 큰 거울과 작은 거울에 차례대로 반사되어 접안렌즈로 모여요.
접안렌즈를 들여다보면 망원경에 비치는 것을 볼 수 있어요.

초기의 망원경은 '렌즈'라고 하는 휘어진 유리 조각을 사용했지만, 거울이 더 가볍고 사용하기도 편해요.

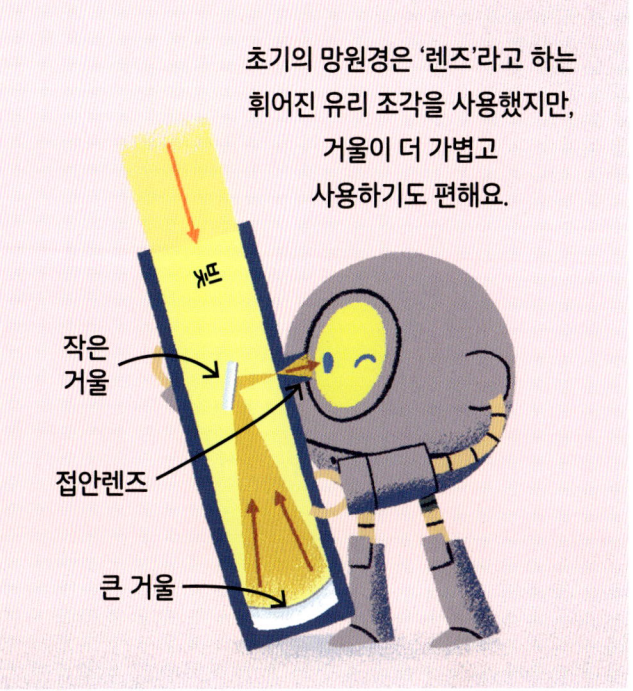

1956년 미국

이것은 '전파 망원경'이에요.
하늘과 우주에서 오는 전파를 받아요.
1969년에 달에 도착한
우주 비행사들이 보낸 신호를 받을 때도
전파 망원경을 사용했어요.

2022년 우주

이것은 2021년에 로켓에 실려
우주로 발사된
'제임스웹 우주 망원경'이에요.
거대한 거울을 이용해 멀리 있는
은하들의 사진을 찍어요.

Q. 사람이 처음 우주로 간 것은 언제였나요?

A. 1961년, 유리 가가린이 최초로 우주에 다녀왔어요.

1950년대부터 우주 탐사에 극적인 변화가 일어났어요. 사람들이 우주로 물체를 쏘아 보내기 시작한 거예요. 인공위성부터 인간에 이르기까지, 무언가를 더 먼저 우주로 보내기 위해 여러 나라가 경쟁을 벌였어요. 이 시기를 **우주 경쟁 시대**라고 불러요.

대표적인 경쟁자는 당시 최고 강대국인 두 나라였어요.

미국

대

소련

'소비에트 연방'이라고도 알려진 소련은 1922년부터 1991년까지 존재했는데, 오늘날의 러시아를 중심으로 여러 지역이 합쳐진 국가였어요.

1957년 10월
'스푸트니크 1호'가 우주로 나간 최초의 인공위성이 되었어요.

1961년 4월
'유리 가가린'이 우주로 간 최초의 사람이 되었어요.

1961년 5월
'앨런 셰퍼드'가 우주로 간 최초의 미국인이 되었어요.

Q. 누가 우주 경쟁에서 이겼나요?

A. 모두가 승자예요!
미국 팀과 소련 팀의 노력 덕분에 우주 탐사에 필요한 수많은 과제가 해결되었어요.

Q. 왜 우주 경쟁을 벌였나요?

A. 두 나라는 자기가 상대보다 더 강한 나라라는 것을 증명하려고 했어요.
오늘날 러시아와 미국의 우주 기관은 우주 탐사의 발전을 위해 협력하고 있어요. 이제 더는 경쟁이 아니에요.

결승점

1963년 6월
'발렌티나 테레시코바'가 우주로 간
최초의 여성이 되었어요.

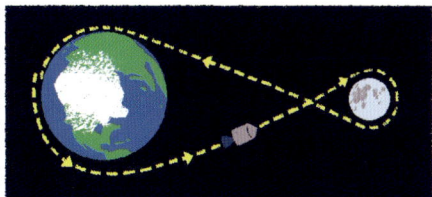

1968년 12월
'아폴로 8호'를 탄 우주 비행사들이
최초로 달의 주위를 돌았어요.

1969년 7월
'닐 암스트롱'이 최초로 달에
발을 디딘 사람이 되었어요.

*이 유명한 사진 속 인물은
닐 암스트롱의 동료, 버즈 올드린이에요.

Q. 사람은 어떻게 달에 갈 수 있었나요?

A. 로켓과 우주선, 착륙선을 이용했어요.

이 무렵 우주 탐사에 사용된 미국 우주선에는 모두 '아폴로'라는 이름이 붙었어요.
처음으로 사람이 타고 가서 달에 착륙한 우주선은 '아폴로 11호'예요.
우주선은 로켓에 실려 다음과 같은 과정을 거쳐 달까지 날아갔어요.

로켓: 새턴 5호

① 로켓은 여러 부분으로 이루어져 있어요. 가장 큰 부분은 '추진체'예요. 폭발하는 액체 연료가 가득 찬 탱크와, 여러 단으로 분리되는 엔진이 있어요. *진짜* 우주선은 꼭대기 부분이에요.

발사!

② 다섯 개의 거대한 엔진에서 나오는 연료 폭발로 지상에서 날아올라요.

③ 우주에 도달하면 연료를 다 쓴 추진체부터 차례차례 떨어져 나가고, '우주선'이 목적지로 향해요.

우주선: 아폴로 11호

④ 이 부분이 달에 내린 '착륙선'이에요.

안에 우주 비행사 셋이 타고 있어요.

⑤ 우주 비행사 두 명이 착륙선을 타고 달로 갔어요. 우주 비행사 한 명은 남아서 우주선을 조종했어요.

착륙선

착륙선 일부는 지금까지도 달에 남아 있어요.

우주로 간 사람들

Q. 달에 가면 어떤 느낌일까요?

A. 지금까지는 오직 12명만이 그 질문에 답할 수 있어요.

그 우주 비행사들이 다녀온 덕분에 우리도 달에 관해 알게 되었지요.
우주 비행사들은 저마다 다른 방식으로 사람들에게 달에 대해 열심히 설명했어요.

"달 먼지는 미세하고 시커먼 가루 같은데,
무척 날카로워요. 화약 냄새 같은 게 났지요."

"달에 남은 발자국은
50년이나 지났지만
지금도 그대로 있어요.
발자국을 지워 버릴
바람이나 기상 현상이
없으니까요."

"달 자체는 조용했어요. 하지만
지구에 있는 우주 센터 직원들이
통신 장치에 떠들어 대는 소리와
우주복 내부의 기계 장치들이
윙윙거리는 소리가 계속 들렸어요."

"달 위를 걷는 것은
거대한 트램펄린 위를
걷는 것과 비슷해요.
가장 쉽게 이동하는
방법은 통통 튀면서
나아가는 거예요."

암스트롱, 여기는 우주 센터다.
잘 들리는가?

삐이이이

위이이잉

크고 뚜렷하게
잘 들린다!

Q. 우주 비행은 얼마나 위험한 일인가요?

A. 아주 위험해요. 우주 비행사는 언제나 위험을 무릅써요.

아마 앞으로도 그럴 거예요. 사람이 달 착륙에 성공하기까지
적어도 미국인 8명과 러시아인 6명이 사망했어요.
달에는 이 사람들을 기리는 작은 동상,
'추락한 우주 비행사(Fallen Astronaut)'가 있어요.

Q. 우주로 간 최초의 여성 비행사는 누구인가요?

A. 1963년 러시아(소련)의 발렌티나 테레시코바가 여성 최초로 우주로 나갔어요.

1982년에는 러시아(소련)의 스베틀라나 사비츠카야가, 1983년에는 미국의 샐리 라이드가 우주여행에 성공했지요.

왜 우주로 간 여성은 이렇게 적어요?

아주 오랫동안 우주여행뿐 아니라 모든 과학이 남성의 일로 여겨졌어요. 1983년 6월 샐리 라이드가 우주로 나갔을 때는 이미 120명 이상의 남성이 우주로 간 뒤였어요.

Q. 남성보다 여성에게 우주여행이 더 힘들고 위험한가요?

A. 간단히 대답하면 '아니오'예요. 어떤 사람이든, 어디 출신이든 우주여행은 똑같이 큰 도전이에요. 좀 더 자세히 보면, 몇 가지 현실적인 차이점은 있어요. 예를 들어, 최초의 우주복은 키와 몸집이 큰 남성을 기준으로 만들었기 때문에, 체구가 작은 남성이나 여성에게는 다른 우주복이 필요했어요.

우주복이 너무 크면 무슨 문제가 있나요?

헐렁해요!

몸에 안 맞는 우주복은 안전하지 못해요. 우주 비행사는 우주복을 입은 채 안전하게 움직이고 작업할 수 있어야 해요.

우주로 간 사람들

Q. 우주 비행사는 어느 나라에서 뽑히나요?

A. 2021년 말까지 39개국의 사람들이 우주에 다녀왔어요.

현재 가장 큰 규모의 우주 프로그램은 미국, 러시아, 유럽, 중국, 일본에서 추진하고 있어요.

남아프리카공화국	미국	시리아	인도
네덜란드	베트남	아랍 에미리트 연합국	일본
대한민국	벨기에	아프가니스탄	중국
덴마크	불가리아	영국	카자흐스탄
독일	브라질	오스트레일리아	캐나다
러시아	사우디아라비아	오스트리아	쿠바
루마니아	스웨덴	우크라이나	폴란드
말레이시아	스위스	이란	프랑스
멕시코	스페인	이스라엘	헝가리
몽골	슬로바키아	이탈리아	

누군가가 우주에 갈 수 있는지 없는지는,
그 사람의 국적이 영향을 미치기도 해요.
예를 들어, 미국 항공 우주국(NASA)의 지원을 받으려면
미국 시민이어야 해요.

> 2022년까지 아프리카 출신의 우주 비행사는 한 명도 없어요.

하지만 우주로 직접 나가는 일은 우주국이나 우주청에서 하는 여러 가지 일 중 하나예요.
예를 들어, 미국 항공 우주국에서는 전 세계에서 온 다양한 사람들을 고용해 여러 가지 일을 맡겨요.

> 나는 우주 비행사들이 먹을 음식(우주식)을 만들어요.

> 나는 화성 로버의 낙하산을 설계해요.

> 나는 우주선의 경로를 계산해요.

Q. 국제 우주 정거장에서는 어떤 일이 벌어지고 있나요?

A. 국제 우주 정거장은 사실 우주 공간에 떠 있는 과학 실험실이에요.

2000년 11월부터는 늘 누군가가 국제 우주 정거장에서 살고 있어요. 그곳에서 여러 가지 과학 실험을 하고 그 결과를 지구로 보내요.

국제 우주 정거장은 지구를 90분마다 한 바퀴씩 돌아요. 수많은 **모듈***을 우주로 옮겨 하나로 결합해 완성한 매우 거대한 시설이에요.

*각각 다른 기능을 하는 구조물

이 사각형은 거대한 태양 전지판이에요. 태양광을 이용해 우주 정거장에서 쓰는 전기를 만들어요.

Q. 국제 우주 정거장은 왜 중요한가요?

A. 국제 우주 정거장은 지금까지 사람이 만든 것 중에서 가장 큰 비용이 들었어요.
수만 개의 부품으로 이루어져 있고, 서로 다른 언어를 사용하는 여러 나라 사람들이 함께 만들었어요.

국제 우주 정거장은 기술적인 면에서 큰 성공을 이루었을 뿐만 아니라 전 세계의 능력 있는 사람들이 함께 일하면 무엇을 이룰 수 있는지 잘 보여 주는 사례였어요.

인도에서 왔어요.

한국에서 왔어요.

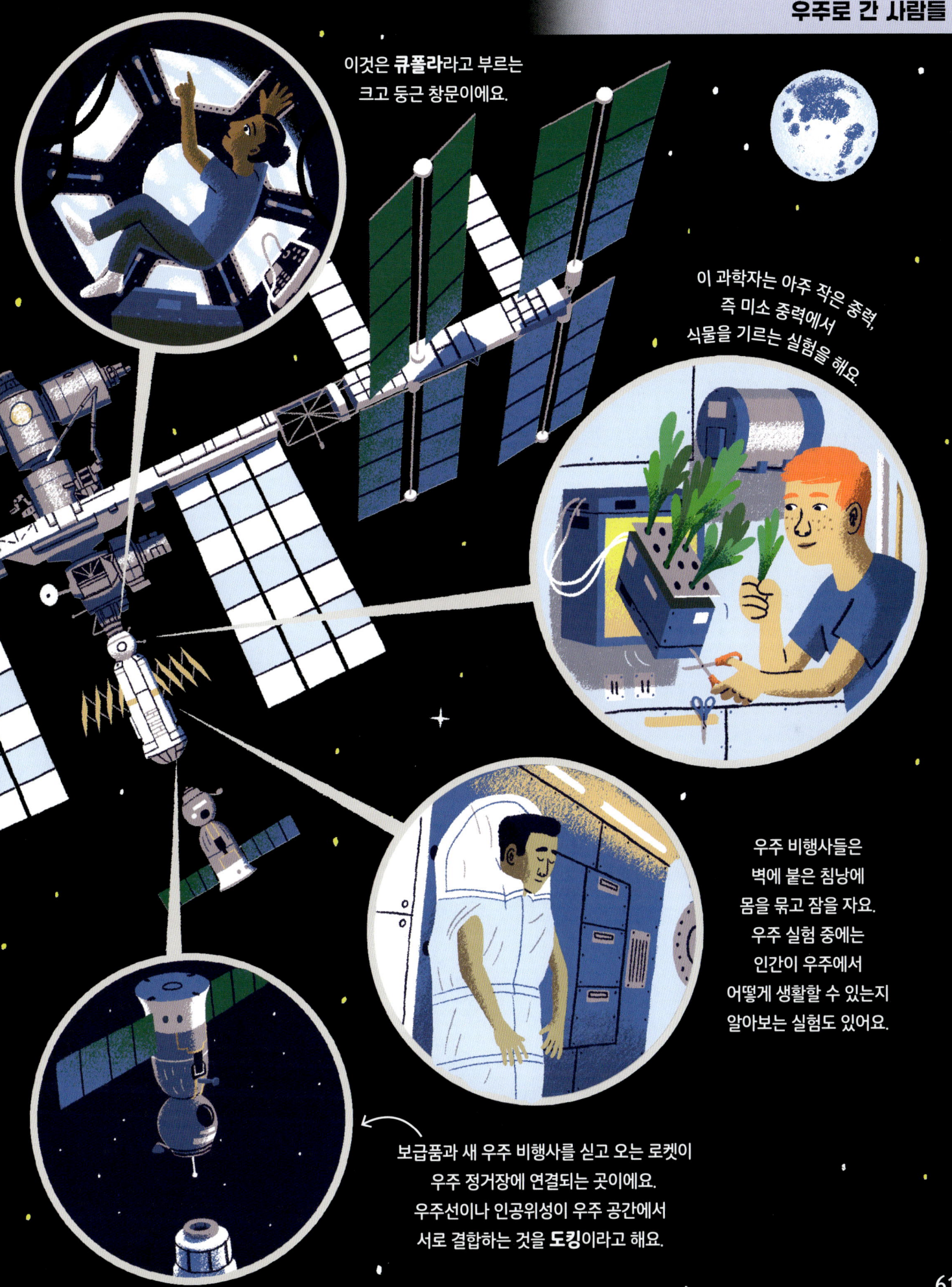

Q. 어떻게 하면 우주 비행사가 될 수 있나요?

A. 많은 훈련을 받아야 해요!

우주 비행사가 되기 위해 갖춰야 할 조건 가운데 몇 가지를 알아보아요.

기본 조건
- 심한 압박감을 견디는 정신
- 균형 잡히고 건강한 몸
- 대학에서 과학을 깊이 공부한 사람

필요한 역량
- 비행기 조종술
- 공학 지식
- 미국, 러시아, 일본의 언어와 문화에 대한 이해

헬로(영어)
프리비예트(러시아어)
곤니치와(일본어)

조건을 갖추고 시험에 합격하면, 2년간의 교육 과정이 시작되어요. 다음과 같은 교육을 받는답니다.

스트레스나 배고픔, 피곤함, 방향 감각 상실에 대처하는 방법

물에 빠졌을 때 또는 야생에서 살아남는 방법

동료들과의 유대감 형성

낮은 중력에서 움직이는 훈련

수중에서 의사소통이 어려울 때의 대처 방법 훈련

우주 유영이나 로봇 장비 조종, 국제 우주 정거장 운영 방법

마침내 우주 비행사가 되었어요!

우주로 간 사람들

Q. 우주 비행사가 지구로 돌아오면 어떻게 되나요?

A. 여러 의사에게 진료와 검사를 받아요. 인류 역사상 최초의 달 탐험가들은 지구로 돌아왔을 때, 한동안 밀폐된 컨테이너에 격리되었어요. 우주 질병에 걸렸을지도 모른다는 걱정이 있었거든요. 지금은 우주 질병에 걸릴 가능성이 없다는 것을 알지만, 그래도 우주에서의 생활은 우리 몸에 큰 영향을 미쳐요.

처음 1~2주 동안 우주 비행사들은 굉장히 **몸이 무겁고 어지러운 느낌**을 경험할 수 있어요. 지구의 생활 환경이 낯설게 느껴질 수도 있어요.

몇몇 우주 비행사들은 지구 귀환 후에 **피부 발진과 가려움증**이 생기기도 했어요. 지구의 공기가 우주 정거장의 공기보다 깨끗하지 않거든요.

중력이 없는 우주에 머무르면 **근육이 약해질 수 있어요.** 다시 근육을 튼튼하게 하려면 지구로 돌아와서 열심히 운동해야 해요.

그런데 우주에서 지내는 게 왜 우리 몸에 해로울까요?

인간의 몸은 우주 정거장이 아니라 지구 환경에 적합하도록 진화했기 때문이지요.

중력 차이 때문에 **뼈의 밀도가 줄고 약해질 수 있어요.** 나중에 관절이 아프거나 쉽게 부러질 수 있다는 뜻이에요.

미국의 우주 비행사 스콧 켈리는 1년 내내 우주에서 지냈어요. 스콧과 일란성 쌍둥이인 마크는 지구에 머물렀지요. 과학자들은 우주에서의 생활이 정말로 몸에 큰 영향을 미쳤는지 알아보기 위해 나이 들어가는 두 사람의 몸을 비교하고 있어요.

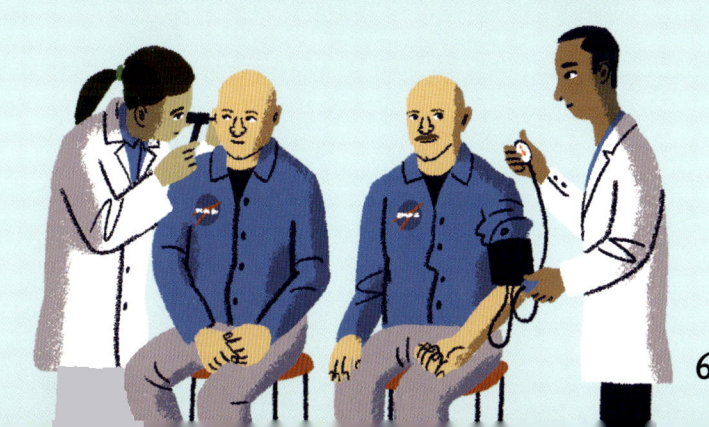

Q. 우주를 탐사하기 위해 또 어떤 방법을 썼나요?

A. 인간보다 더 멀리 여행하거나 지구 밖에서 더 오래 머무를 수 있는 기계를 사용해요. 예를 들어, 태양계를 탐사하기 위해 탐사선을 발사하기도 했어요. 어떤 탐사 장비들이 있는지 살펴보아요.

허블 우주망원경
1990년 발사

지구 주위를 도는 위성이면서 망원경이기도 해요. 우주를 관측하고 사진을 찍어요.

로제타 탐사선
2004년 발사

발사 10년 후에 움직이는 혜성에 착륙했어요.

베네라 계획
1960년대~1980년대

금성을 탐사하기 위해 탐사선들을 보냈어요.

퍼서비어런스(화성 탐사차)
2020년 발사

화성에서 고대 미생물과 **생명체**의 흔적을 찾고 있어요.

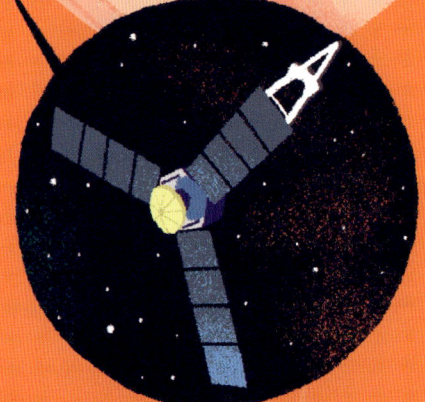

주노(목성 탐사선)
2011년 발사

현재 목성의 주위를 돌면서 목성이 어떻게 생겨났고 무엇으로 이루어졌는지 조사하고 있어요.

우주로 간 사람들

카시니-하위헌스(토성 탐사선)
1997년 발사

두 대의 우주선을 토성으로 보냈어요.
카시니 탐사선(궤도선)과 하위헌스 착륙선이에요.
카시니 탐사선은 13년 동안 토성을 조사해
놀라운 사진을 수천 장이나 찍었어요.

뉴호라이즌스 탐사선
2006년 발사

2015년에 명왕성 사진을 찍었어요.
거기까지 가는 데 10년이나 걸렸어요.

하위헌스 착륙선
1997년 발사

2005년에 토성의
위성 중 하나인
'타이탄'에 착륙했어요.
인류가 만든 것 중
다른 행성의 위성에
처음으로 착륙한 물체예요.

보이저 2호 탐사선
1977년 발사

천왕성과 해왕성을 지나
2018년에 태양계 밖
우주로 진입했어요.

Q. 화성에서 사람이 살 수 있게 될까요?

A. 어쩌면요. 현재로서는 사람이 화성에서 사는 건 어림도 없을 뿐더러, 화성을 방문하는 것조차 불가능해요. 하지만 전 세계 과학자들은 화성으로 가는 우주선과 장비를 만들기 위해 노력하고 있어요. 어쩌면 먼 미래에 우주 비행사들이 화성에 정착 기지를 건설할지도 모르지요.

Q. 화성 정착 기지는 어떤 모습일까요?

A. 아마도 밀폐된 공간으로 이루어져 있을 거예요.
화성에는 사람이 숨 쉴 수 있는 *산소*와 태양의 해로운 빛으로부터 사람을 보호할 *대기*가 충분하지 않아요. 그래서 기지 공간은 *완전히* 실내에 있어야 해요.

화성 정착 기지는 이런 모습일 거예요.

기지에 머무는 사람들이 안전하게 생활할 수 있도록 내부의 온도, 산소, 압력을 잘 조절해야 해요.

우주로 간 사람들

Q. 화성이 어떤 곳인지 어떻게 알 수 있나요?

A. 우리가 알고 있는 정보는 대부분 '로버'라고 불리는 로봇 탐사차가 조사한 거예요.

로버들은 거의 20년 동안 화성을 탐사하고 있어요.

로버들은 화성의 땅속에 무엇이 있는지, 공기는 어떤지 알아내고, 수없이 많은 사진을 찍어서 지구로 보냈어요.

삐삐 삐삐

지구로 정보를 보낸다.

위이이이잉

Q. 화성에 사람들이 살게 된다면 무엇을 먹을까요?

A. 직접 식량을 재배해서 먹어요. 지구에서 충분한 식량을 가져오는 것은 불가능할 거예요.

과학자들은 지구에서 화성과 조건이 비슷한 지역을 찾아 재배 실험을 했어요.

화성에서 재배하기에 가장 좋은 식량은 다음과 같은 것들이에요.

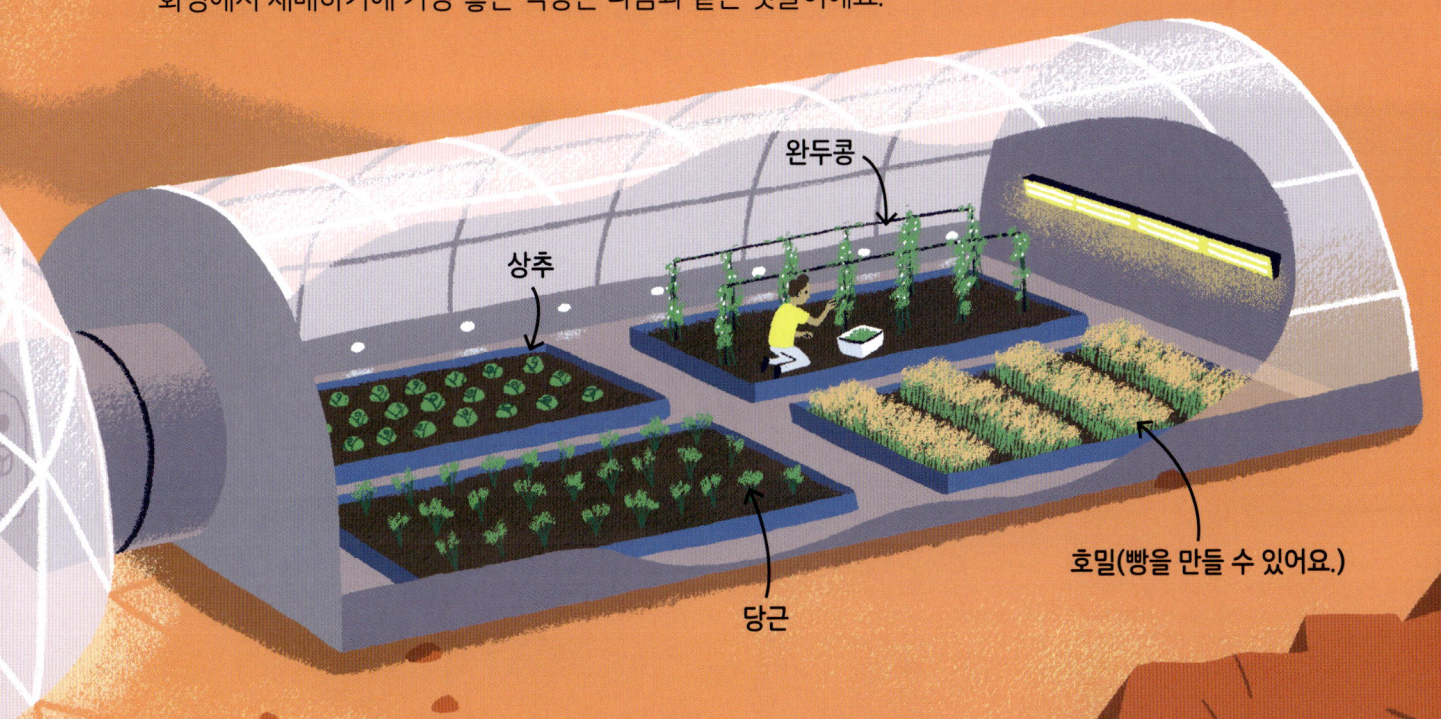

상추
완두콩
당근
호밀(빵을 만들 수 있어요.)

67

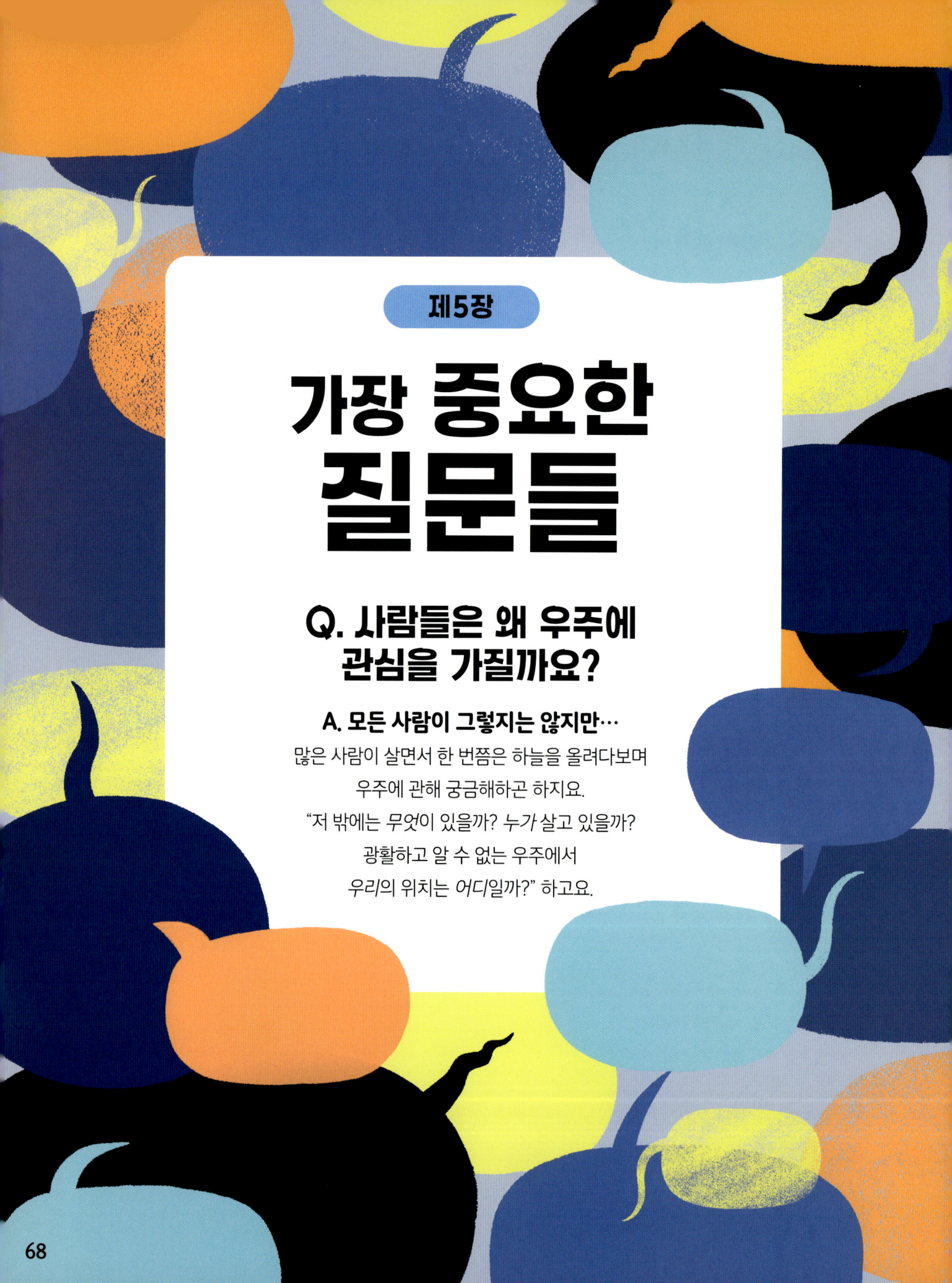

제5장

가장 중요한 질문들

Q. 사람들은 왜 우주에 관심을 가질까요?

A. 모든 사람이 그렇지는 않지만…
많은 사람이 살면서 한 번쯤은 하늘을 올려다보며
우주에 관해 궁금해하곤 하지요.
"저 밖에는 *무엇이* 있을까? *누가* 살고 있을까?
광활하고 알 수 없는 우주에서
우리의 위치는 *어디*일까?" 하고요.

가장 중요한 질문들

Q. 빅뱅은 왜 일어났나요?

A. 아무도 몰라요. 다양한 이론이 있기는 하지만 실제로 조사하기는 매우 어려워요. 우리가 아는 바로는… *그냥 일어났어요.* 과학자들은, 우주가 시작되는 아주 짧은 순간에 정확히 *어떤* 일이 어떤 순서로 일어났는지는 꽤 많이 알아냈지만, *왜* 일어났는지는 몰라요.

> 빅뱅의 원인을 알면 사람들이 더 행복해질까요?

> 아마도 그렇진 않을 거예요. 어떤 질문에 대한 답을 알아내면 종종 만족스러운 느낌은 들겠지만, 행복한 기분을 느낄지는 알 수 없어요.

Q. 사람은 특별한가요?

A. 그렇기도 하고 아니기도 해요. 생명이 있는 모든 것은 특별해요. 애초에 생명체가 존재할 가능성이 아주 적었으니까요. 하지만 어떤 하나의 생명체를 '전체 우주'의 크기와 시간에 비교한다면…

…무엇도 특별하다고 할 수 없을 거예요.

> 내가 거대한 전체의 작은 부분이라고 생각하면 어쩐지 마음이 편안해지는 것 같아요.

Q. 중력이 왜 그렇게 중요한가요?

A. 우주가 어떻게 작동하는지 이해하는 데 중력이 큰 단서가 되기 때문이에요.

평생에 걸쳐서 중력에 관해 연구하는 사람도 있지만, 몇 가지 핵심만 간추려서 설명할 수도 있어요.

*화살표는 힘이 작용하는 방향을 나타내요.

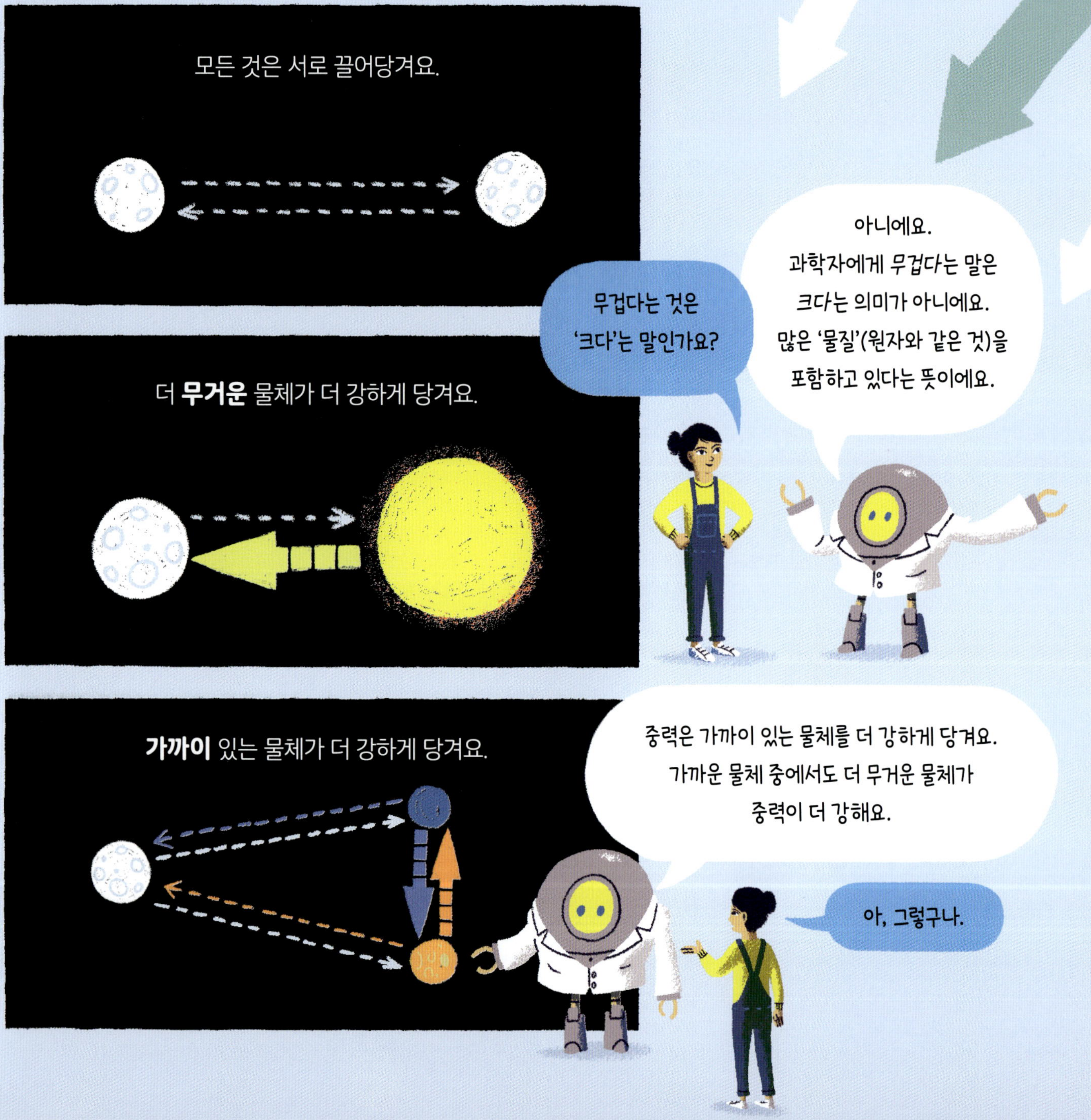

모든 것은 서로 끌어당겨요.

더 **무거운** 물체가 더 강하게 당겨요.

가까이 있는 물체가 더 강하게 당겨요.

무겁다는 것은 '크다'는 말인가요?

아니에요. 과학자에게 무겁다는 말은 크다는 의미가 아니에요. 많은 '물질'(원자와 같은 것)을 포함하고 있다는 뜻이에요.

중력은 가까이 있는 물체를 더 강하게 당겨요. 가까운 물체 중에서도 더 무거운 물체가 중력이 더 강해요.

아, 그렇구나.

가장 중요한 질문들

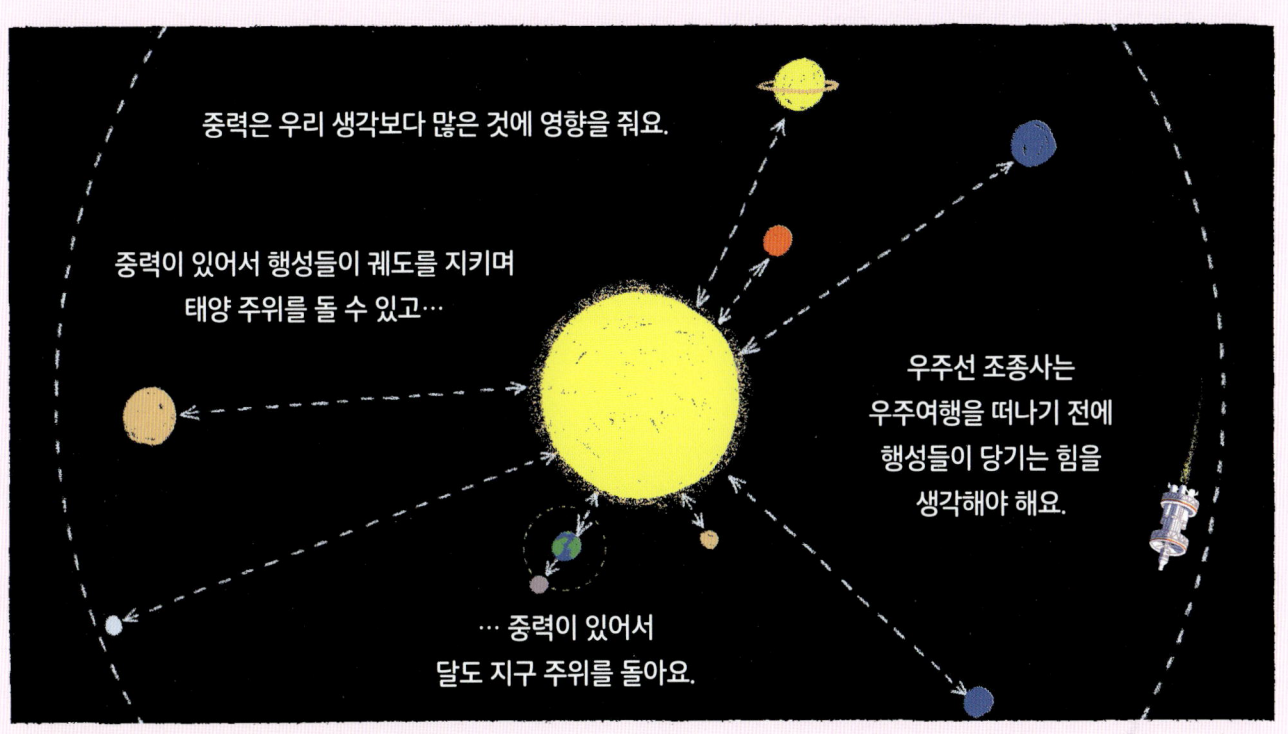

중력은 우리 생각보다 많은 것에 영향을 줘요.

중력이 있어서 행성들이 궤도를 지키며 태양 주위를 돌 수 있고…

우주선 조종사는 우주여행을 떠나기 전에 행성들이 당기는 힘을 생각해야 해요.

… 중력이 있어서 달도 지구 주위를 돌아요.

그런데 지구에 사는 우리에게 중력이 무슨 상관이 있어요?

큰 상관이 있어요. 지구의 중력은 우리가 짜부라지지 않고 서 있을 수 있을 만큼 적당해요.

또 지구의 대기가 흩어지지 않게 잡아 주지요.

밀물과 썰물도 중력 때문에 생겨요. 달이 지구 주위를 돌 때, 달의 중력이 지구의 물을 달 쪽으로 끌어당기거든요.

좋아요. 다 이해했어요. 그런데 중력은 도대체 어떻게 생기는 거지요?

훌륭한 질문이에요! 하지만 나는 대답하기 힘드네요. 그 문제는 세계적으로 유명한 물리학자이자 우주 사색가인 '알베르트 아인슈타인 박사'의 도움을 받아야 해요.

안녕!

Q. 아인슈타인이 중력에 대해 뭐라고 말했나요?

A. 아마 아인슈타인이라도 중력의 기원과 작용을 완전히 이해하지는 못한다고 말할 거예요. 다만, 아인슈타인은 중력에 대해 남들과는 다르게 생각했어요. 물체가 서로 끌어당기는 게 아니라, 공간을 휘어지게 만드는 것이라고요. 아인슈타인이 설명한 내용의 일부분을 소개할게요.

커다란 담요가 펼쳐져 있다고 상상해 보세요.

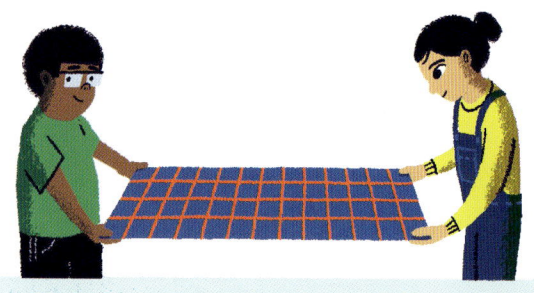
이제 담요 위에 무거운 공을 놓고, 이것을 '태양'이라고 생각해 보아요. 공이 무거워서 공 주변 담요가 처져요. 공간이 휘어지는 거지요.

이제 지구를 나타내는 또 다른 공을 얹어요. 태양 주위가 휘어져 있어서 지구가 태양 쪽으로 끌려가는 것처럼 보여요.

실제로 중력은 당기는 힘이 아니라 물체가 시공간을 휘어지게 만드는 효과예요. 이 때문에 주위에 있는 물체가 가깝게 다가오게 되지요.

그런데 중력이 가장 강한 천체가 뭔지 알아요? 바로 블랙홀이에요.

가장 중요한 질문들

Q. 블랙홀이란 무엇인가요?

A. 블랙홀은 엄청나게 무거운 별이 폭발하고 남은 잔해예요.

블랙홀은 아주 많은 양의 물질로 이루어져 있고 무척 단단하게 뭉쳐 있어서, 중력이 엄청나게 강해요. 블랙홀의 중력은 너무 강해서 내부의 어떤 빛도 우주 공간으로 빠져나갈 수 없어요. 다만 블랙홀의 둘레를 도는 먼지와 기체의 소용돌이에서 빛이 나오기도 해요.
이 소용돌이를 **강착 원반**(내려앉는 원반)이라고 불러요.

빛이 빠져나올 수 없는 블랙홀의 가장자리 부분을 **사건의 지평선**이라고 해요.

가운데 있는 것은 구멍인가요?

아니요! 그건 구멍이 아니에요. 안쪽을 똑똑히 볼 수 없기 때문에 구멍처럼 보이지만, 블랙홀은 실제로 존재하는 물리적인 물체예요.

블랙홀의 중력에 끌려가면 어떻게 될까요?

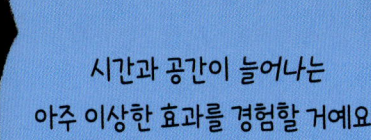

시간과 공간이 늘어나는 아주 이상한 효과를 경험할 거예요. 그리고 다시는 나올 수 없어요.

무엇이든 사건의 지평선을 넘어가면 더는 볼 수 없어요.

가장 중요한 질문들

Q. 더 빠르게 갈 수는 없나요?

A. 물론 가능하지요. 하지만 먼저 수많은 현실적인 문제를 해결해야 해요.

우주선을 만드는 비용이 아주 많이 들어요. 더 성능 좋고 더 빠른 우주선을 만들려면 훨씬 더 많은 돈과 시간과 노력이 필요하지요.

Q. 우주에는 또 무엇이 있나요?

A. 우리 눈에 보이는 것보다 훨씬 많은 게 있어요. 사람들은 하늘을 올려다보며 혜성을 비롯하여 행성, 위성, 별(항성)에 이르기까지 온갖 종류의 천체를 보고 경외감을 느꼈어요. 그런데 우주 공간에 존재한다는 사실은 알아도 우리가 *보기 어려운* 것이 많아요. 예를 들면, **펄사**, **마그네타**와 같은 **중성자별**이 있지요.

Q. 중성자별이란 무엇인가요?

A. 엄청나게 작지만 엄청나게 무거운 별이에요.
태양 내부의 모든 원자가 지름 20킬로미터밖에 안 되는 공 안에 아주 빽빽하게 들어가 있다고 상상해 보세요. 이런 게 바로 '중성자별'이에요.

펄사
중성자별의 한 종류예요.
빠르게 자전하며 양극에서
주기적으로 복사*를 방출해요.
복사가 지구를 향할 때만
전파 망원경으로 관측할 수 있어요.

*물질 내부에서 방출되는 입자나 광자.
또는 그 방출 현상.

마그네타
아직 아무도 본 적이 없는
중성자별이에요.
강력한 자기장으로 둘러싸여 있으며,
온갖 종류의 복사를
폭발적으로 방출해요.

혹시 발견한다 해도,
별 자체는 볼 수 있지만
자기장을 우리 눈으로
볼 수는 없을 거예요.

가장 중요한 질문들

Q. 우주에서 가장 이상한 천체는 무엇인가요?

A. 사실, 어떤 천체가 *이상하다는* 건 대부분 우리가 *아직 이해하지 못했다는* 뜻이에요.

아직 풀지 못한 천문학의 수수께끼를 몇 가지 소개할게요.

'우주 오이'라고도 알려진 **오무아무아**는 유난히 길고 가느다란 붉은색 암석이에요. 태양계 바깥의 어딘가에서 왔는데, 왜 이런 모양인지 이해하기 어려워요.

호그 천체
독립된 성단*들이 모여 고리 모양을 이룬 은하예요. 어떻게 이런 완벽한 원형을 이루었는지는 알지 못해요.

*항성의 집단

태비의 별
밝기가 불규칙하게 변하는 별이에요. 무언가에 가려지는 것처럼 보이는데 그게 무엇인지는 연구 중이에요.

언젠가는 이것들의 정체를 알 수 있을까요?

새로운 망원경에서 보내오는 자료를 연구하면, 언젠가는 알게 될 거예요.

나는 외계인이 만들었다고 확신할 수 있는 무언가를 찾아 보고 싶어요.

Q. 지구 밖 저 먼 곳에 누군가가 있을까요?

A. 우리가 아는 범위에서는 아직 아무도 없어요.

하지만 우주 어딘가에는 다른 생명체가 있을지도 몰라요. 과학자와 철학자는 우주에서 오직 지구에만 생명체가 존재해야 할 이유는 없다고 말해요. 하지만 지구 말고 다른 곳에서는 생명체가 있다는 확실한 증거를 아직 찾지 못했어요.

지금도 외계 생명체를 찾고 있나요?

그럼요. 우주로 전파 신호를 보내고 응답을 기다리고 있어요. 지금까지는… 아무 대답도 듣지 못했어요.

Q. 외계 생명체들은 어디에 있을까요?

A. 지구 밖 우주에 누군가가 있다면, 아마도 아주아주 멀고 먼 곳에 있겠지요.
우주는 너무 넓어서, 생명체들이 있다 해도 서로 엄청나게 멀리 떨어져 있을 거예요. 우리를 만나러 온다고 해도 지구까지 오는 데 얼마나 오래 걸릴지 알 수 없어요.

쉿!

어쩌면 우리와 이야기하고 싶지 않은지도 모르지요.

가장 중요한 질문들

Q. 외계 생명체는 어떻게 생겼을까요?

A. 우리와 많이 닮았을 수도 있고, 상상을 뛰어넘을 정도로 다른 모습일 수도 있어요.

우리가 아는 생명체는 지구에 사는 생명체뿐이에요.
외계인이 지구와 조금이라도 비슷한 행성에 살고 있다면,
아마도 우리가 알아볼 수 있는 특징을 가지고 있을 거예요.

어떤 특징이요?

눈, 팔다리, 촉수, 더듬이…
이런 것들이지요.

Q. 외계 생명체의 범주는 어디까지인가요?

A. 외계 생명체는 '지구가 아닌 곳에 존재하는 모든 생명체'를 가리키는 말이에요.

생명체는 먹고, 숨 쉬고, 번식할 수 있어야 해요.
이 조건에는 세균과 같은 아주 작은 생명체도 포함되어요.

외계 생명체를 현미경으로 보아야만 찾을 수 있을지도 모른다는 거예요?

그래요! 또 어떤 과학자들은 탐사 로버나 탐사선 같은 걸 찾아 봐야 한다고 말해요. 외계인도 우리처럼 우주 탐사에 기계 장치를 이용할지도 몰라요.

그렇다면 우리가 처음 만나는 외계인이 로봇일 수도 있겠네요? 신기해요!

가장 중요한 질문들

Q. 우주 여행에 그만한 돈을 쓸 가치가 있을까요?

A. 생각하기에 따라 달라요. 어떤 사람들은 우주를 탐험하는 데 드는 비용을 지구에서 더 잘 쓸 수 있다고 주장해요. 예를 들면, 질병을 치료하거나 굶주린 사람들에게 식량을 공급하는 일이 *더 중요하다*고 말하지요. 하지만 사람이 달에 갔다 오거나 화성에 로봇을 보낸 일이 인류가 이룩한 *가장 인상적인* 업적이라고 주장하는 사람들도 있어요.

인간이 우주에 호기심을 가지고 우주여행을 가기 위해 노력한 결과, 사람들은 여러 가지 놀라운 발명품을 누리게 되었어요. 그중 몇 가지만 소개할게요.

우주 비행사를 보호하는 우주복과 같은 소재를 써서 소방관용 안전 장비를 만들었어요.

우주에서 식물을 키우기 위해 엘이디(LED) 조명을 개발했어요.

우주에서 깨끗한 물과 공기를 얻기 위해 정화 장치를 개발했어요.

우주 탐사 중 사진을 촬영하기 위해 가볍고 전력을 적게 쓰는 휴대용 카메라를 만들었어요.

우주선이 발사되는 충격에서 우주 비행사를 보호하기 위해 메모리폼 스펀지를 발명했어요.

관절이 약한 사람들을 위해 중력을 조절할 수 있는 러닝머신이 개발되었어요. 가볍고 튼튼한 우주선 소재로 의수와 의족을 만들어요.

인공위성 덕분에 전 세계에서 실시간으로 통신을 연결할 수 있어요.

Q. 우주는 어떻게 이루어져 있나요?

A. 설명하기 어려워요.

우주는 무언가로 *만들어진* 어떤 *사물*이 아니에요.
그렇더라도 우주 안에 *어떤 것들이 존재하는지*는 말할 수 있어요.
예를 들면, 원자 또는 원자로 이루어진 물질들이 있지요.
하지만 우리가 보고 만질 수 있거나 기기로 감지할 수 있는,
원자로 이루어진 모든 물질은…

…우주 전체에서 약 4퍼센트밖에 안 돼요.

4퍼센트라고요? 엄청 적잖아요. 그럼 우주 안에 존재하는 나머지는 뭐예요?

과학자들은 우주의 22퍼센트는 우리가 볼 수 없는 **암흑 물질**로 이루어져 있다고 거의 확신해요.

암흑 물질이 있다는 건 어떻게 알아요?

우리가 암흑 물질의 효과를 느낄 수 있기 때문이에요. 우리가 우리은하에서 느끼는 중력은 대부분 암흑 물질 때문에 생겨요.

지구의 실험실에서도 암흑 물질의 효과를 재현할 수 있어요.

원자

암흑 물질

그런데 우주가 팽창하는 방식은 암흑 물질과 원자만으로는 설명할 수가 없어요. 우주에 영향을 미치는 *다른 무언가*가 있는 것처럼 보여요. 하지만 그 정체는 완전히 수수께끼예요. 과학자들은 그 무언가를 **암흑 에너지**라고 불러요.

암흑 에너지

가장 중요한 질문들

Q. 사람들은 왜 우주를 연구하나요?

A. 다양한 이유가 있어요. 그중에서도 큰 이유는, 인간이 아직 풀지 못한 수만 가지 문제의 답을 찾기 위해서예요.

중요한 질문

- 우주에는 정확히 어떤 것들이 존재하고 있나요?
- 빅뱅 이전에는 어떤 일이 있었을까요?
- 블랙홀 안에서는 어떤 일이 일어나고 있을까요?

중요한 발견

- 언젠가는 지구 밖에서 생명체를 발견할까요?
- 언젠가는 태양계 너머로 사람을 보낼 수 있는 우주선이 발명될까요?

대담한 이주 계획

- 우주 정거장에서 아주 많은 사람이 살 수 있게 될까요?
- 아니면 달에서는요?
- 아니면 다른 행성에서는요?

거액의 돈

- 소행성에서 무엇을 캐낼 수 있을까요? 또 그걸 지구에서 얼마에 사고팔 수 있을까요?
- 대규모로 우주 관광 사업을 벌이는 사람이 나올까요?

Q. 우주는 어떻게 끝날까요?

A. 완벽한 침묵과 완전한 어둠 속으로 사라지겠지요.

대다수 과학자는 그렇게 믿어요. 빅뱅 이후 우주는 계속 팽창하고 있어요.
전문가들이 예측하는 게 맞다면, 우주는 계속해서 팽창할 거예요.

그러다 결국 모든 원자가
다른 원자들과 아주 멀리 떨어져서
소리도, 빛도, 시간도
흐르지 않게 되겠지요.

그때가 언제일까요?

너무나 먼 미래의 일이라서 과학자들도 그게 언제일지 저마다 의견이 달라요.

가장 중요한 질문들

Q. 우리는 앞으로 어떻게 될까요?

A. 확실히 알지는 못하지만, 어떤 일이 일어날지 짐작할 순 있어요.

지구는 아마 앞으로도 수십억 년은 더 지속될 거예요. 시간이 지나면서 태양은 점점 더 팽창하고 그 열이 점점 바다를 끓게 만들어서, 지구는 사람이 살 수 없는 곳이 되겠지요.

어떤 모습일지 궁금해요. 지금 일어나고 있는 기후 위기 같을까요?

아니에요. 21세기의 기후 위기는 지구에 큰 해를 끼치긴 하지만, 바다를 끓게 만들지는 않아요.

세상이 곧 멸망할까 봐 걱정할 필요는 없겠네요?

우주에서 암석이 날아오면 어떻게 되나요?

앞으로 5천만 년쯤 지나면 어마어마하게 커다란 우주 암석이 지구에 충돌할 가능성이 있어요. 예전에도 이런 일이 있었고, 많은 동물이 멸종했지요.

공룡의 멸종 같은 거지요?

맞아요. 하지만 다음에 또 그런 일이 일어난다면, 인간이 최악의 피해를 막을 수 있을지도 몰라요.

Q. 사람들이 우주에 관해 가장 많이 물어보는 건 뭐예요?

A. 인터넷 공간에서 가장 자주 보이는 우주 관련 질문들을 모아 봤어요.

우주에서 지구를 보면 무엇무엇이 보이나요?

얼마나 먼 우주에서 보는지, 무엇으로 보는지에 따라 달라요. 국제 우주 정거장에서는 지구의 산, 사막, 숲을 볼 수 있어요.

달은 무엇으로 만들어졌나요?

암석으로요.

행성들은 왜 태양으로 끌려가지 않나요?

태양의 중력과 행성들의 중력이 **팽팽한 균형**을 이루고 있어서예요. 사실, 행성들은 매우 빠르게 움직이고 있어요. 태양이 행성들을 중력으로 끌어당기지 않으면 모두 태양계 밖으로 날아갈 수도 있지요. 행성들의 공전 궤도가 타원형인 점에서 중력의 영향을 알 수 있어요.

우주에도 날씨 현상이 있나요?

그렇다고 할 수 있지요. 태양에서는 빛뿐만 아니라 다른 입자도 계속 방출되는데, 그 입자들은 태양계를 각기 다른 속도로 지나가요. **태양풍**이라고 하는 이 입자의 흐름은 인공위성이나 다른 우주 장비에 손상을 줄 수 있어요.

물리학을 가장 정확하게 적용한 우주 영화에는 어떤 것이 있나요?

우주 공간에서는 대개 움직임이 느려져요. 또 우주여행은 시간이 오래 걸려요. 그래서 우주를 사실적으로 보여 주면서도 재미있는 영화를 만드는 것은 어려워요.

물리 법칙을 거의 어기지 않고 우주여행을 묘사한 영화들을 소개할게요.

「2001: 스페이스 오디세이」(1968년 개봉)
「아폴로 13호」(1995년 개봉)
「그래비티」(2013년 개봉)
「마션」(2015년 개봉)

화성은 왜 붉은색인가요?

표면과 대기에 붉은색 먼지가 많기 때문이에요.

우주 공간은 왜 어두운가요?

빛을 반사할 수 있는 게 없기 때문이에요.

Q. 더 알아내야 할 것이 있나요?

A. 많아요! 답을 기다리고 있는 몇 가지 중요한 질문을 살펴보아요.

우주는 어떻게 시작되었을까요?
우리 우주가 유일한 우주일까요?

그렇지 않다면 다른 우주로 갈 방법이 있을까요?

중력은 정확하게
어떻게 작용할까요?

암흑 물질은 정말로 존재할까요?
그렇다면 그 정체는 무엇일까요?

그것 말고 우주에는
또 무엇이 존재하고 있나요?
우리는 왜 그것을 볼 수 없나요?

영화에서처럼 공간과 공간을 잇는
웜홀과 같은 것이 실제로 있을까요?
웜홀이 있다면 우리가 그것을
찾아낼 수 있을까요?

우리가 보고 있는 별들이
아직 거기 있을까요?

지구 이외에
사람이 살 수 있는 곳이 있을까요?

우주가 어떻게 팽창하는지
설명할 수 있을까요?
언젠가는 우주의 팽창이 멈출까요?

블랙홀 내부는 어떤가요?

많은 은하의 중심에는 블랙홀이 있어요.
블랙홀이 먼저 생겼을까요,
아니면 은하가 먼저 생겼을까요?

가까운 어딘가에
외계 생명체가 있을까요?

언젠가는 그들과 이야기를
나눌 수 있을까요?

Q. 어린이들이 우주를 탐험할 수 있을까요?

A. 그럼요. 우주를 탐험하는 다양한 방법이 있어요.

어른이 될 때까지 기다리지 않아도 되고, 특별한 훈련이 필요하지 않아요.
인터넷에 접속할 수 있거나 망원경이 있다면 더 쉬워요.

별 보기

망원경이 있든 없든 누구나
밤하늘을 관측할 수 있어요.
하지만 도시에서 벗어나 불빛이 없는
정말로 어두운 곳을 찾는 것이
가장 좋은 방법이에요.

시민 과학자 되기

전 세계 천문대에서는
망원경으로 천체를 관측한 자료를
온라인으로 공유해요.
여러분도 그 자료를 보고 천문학자나
수많은 민간 연구자들과 함께
새로운 것을 발견할 수 있어요.
이러한 활동을 **시민 과학**이라고 불러요.

글을 쓰거나 그림 그리기

많은 우주 과학자가 우주가
어떤 곳인지 상상력으로
지어낸 이야기를 읽고서 영감을 얻었어요.
가장 오래된 이야기 중 하나가
1865년에 출간된 쥘 베른의 소설,
『지구에서 달까지』예요.
과학 소설을 쓰는 이야기꾼들은
오늘날에도 실제 과학자들에게
영감을 주고 있어요.

우주 데이터 분석에 참여하기

전 세계 전파 망원경에서 얻은
방대한 정보를 분석하려면
아주 많은 컴퓨터가 필요해요.
프로젝트에 참여하면, 인터넷을 통해
여러분의 컴퓨터를 연결시켜
데이터 분석을 도울 수 있어요.

호기심 갖기

질문하기

천문학자들은 다양한 질문을 모으기도 해요.
특히 아무도 하지 않았던 새로운 질문을 받으면 더욱 신이 날 거예요.
열심히 답을 찾다 보면 우주에 대해 새로운 발견을 할 수도 있으니까요.

Q. 우주와 관련된 직업은 어떤 것이 있나요?

A. 지구를 벗어나지 않고도 다양한 방법으로 우주를 탐험할 수 있듯이, 우주와 관련된 직업도 무척 다양해요. 로켓을 만드는 일부터 별을 연구하는 일까지, 우주에 관련된 온갖 직업 중에서 몇 가지를 소개할게요.

기자는… 우주 임무나 관측소의 세부적인 진행 과정을 취재해 전 세계에 보도해요.

데이터 분석가는… 우주선을 발사할 때 필요한 정보에서부터 소행성에서 수집한 샘플에 이르기까지, 모든 종류의 데이터를 조사해요.

로봇 공학자는… 우주 공간이나 다른 행성에서 다양한 작업을 수행할 수 있는 로봇이나 로버, 탐사선을 설계하고 제작해요.

로켓 과학자는… 우주선을 발사하기 위한 로켓을 설계하거나 제작하고 시험해요.

모금 활동가는… 우주 임무를 수행하는 데 필요한 큰돈을 투자하도록 부유한 사람들이나 부유한 기업, 정부를 설득해요.

비행 관제사는… 우주선 발사 또는 우주선이 지구 대기권을 벗어나거나 다시 들어올 때 비행을 계획하고 감독해요.

수학자는… 행성이나 위성, 소행성의 정확한 움직임을 예측하고, 우주선이 목적지를 찾아가는 경로를 계획해요.

우주 비행사는… 지구를 벗어나 우주에서 다양한 임무를 수행해요. 주로 국제 우주 정거장에 머무르며 시설을 관리하고, 과학 실험을 해요.

우주 생물학자는… 지구 밖에서 생명체의 흔적을 찾고 외계 생명체가 어떤 존재인지 알아내려고 노력해요.

우주 센터 통제사는… 우주 임무를 담당하는 기관의 구성원으로, 지상에서 모든 것을 신중하게 계획하고 감독해요.

우주론자는… 우주 그 자체 또는 우주의 시작을 연구해요. '이론 우주론자'라고도 불러요.

천문학자는… 우주에 무엇이 존재하는지, 모든 것이 어떻게 작동하는지 연구해요. 종종 '천체 물리학자'라고도 불러요.

화학 공학자는… 로켓과 우주선에 동력을 공급하는 데 필요한 연료를 개발해요.

낱말 풀이

다음은 이 책에 나온 주요한 단어들의 뜻을 설명한 거예요.
기울임꼴로 쓰인 단어는 이 낱말 풀이 안에 설명되어 있는 단어라는 것을 의미해요.

광년 빛이 1년 동안 이동하는 거리. 광대한 우주 공간에서 아주 긴 거리를 표현하는 단위.

광자 작고 질량이 없는 빛의 *입자*.

궤도 작은 물체가 큰 물체 주위를 도는 고정된 경로.

달 지구의 둘레를 도는 하나밖에 없는 *위성*.

대기 *행성*이나 일부 *위성*을 둘러싸고 있는 기체 층.

로버 *행성*과 *왜행성*의 표면을 가로질러 다니며 지형을 탐사하고 중요한 정보를 수집하는 장치.

로켓 *우주선*이 지구의 중력에서 벗어날 수 있을 정도로 강하게 밀어 주는 연료로 가득 찬 장치.

마그네타 자기장이 아주 강한, 붕괴된 별.

물질 보거나 만질 수 있는 것.

미국 항공우주국(NASA) 우주를 탐사하고 연구하는 미국 정부 기관.

밀도 물체에 있는 *원자*들이 얼마나 밀집되어 있는가 하는 것.

백색 왜성 별의 일생에서 최종 단계로, 더 이상 *원자*를 융합하지는 않지만 아직 *복사*를 방출함.

별(항성) 자신의 *원자*를 지속적으로 융합하여 오래 지속되는 열과 빛의 원천을 만들어 내는 우주 공간의 거대한 *천체*.

별자리 어떤 모양을 그려 볼 수 있는 *별*의 집단.

복사 물체에서 방출되는 *입자*와 *광자*.

분자 *원자*들이 서로 붙잡고 있는 덩어리.

블랙홀 *별*의 폭발로 생긴 잔해로, 엄청나게 강한 중력을 가지고 있음.

빅뱅 모든 *시공간*이 시작된 사건을 부르는 이름.

성운 우주에 있는 먼지와 기체의 거대한 구름.

세균 지구 최초의 생명체에 속하는 아주 작은 생명체.

소행성 *별* 주위를 일정한 *궤도*로 돌고 있지만, *행성*이라고 부를 만큼 크지 않은 우주의 암석.

시공간 시간과 공간의 차원을 결합하여 우주를 수학적으로 표현하는 용어.

암흑 물질 우주의 22퍼센트를 구성하고 있는, 관측되지 않는 형태의 *물질*.

왜행성 *별*의 둘레를 *궤도*를 그리며 돌고 있지만, *행성*보다 작고 그다지 강력하지 않은 *천체*.

우주 배경 복사 *빅뱅*의 흔적이 전자기파의 형태로 우주에 균일하게 퍼져 있는 것.

우주선 우주 공간에 발사되어 우주여행 등 다양한 임무를 해내는 데 사용되는 비행 물체.

원자 보통의 *물질*을 구성하고 있는 작은 *입자*.

웜홀 우주에서 멀리 떨어진 두 시간과 공간을 연결하는 터널. 웜홀은 이론상으로는 가능하지만 과학자들은 웜홀이 존재하는지 확실하게 알지 못함.

위성 행성이나 왜행성의 주위를 도는 물체. '자연 위성'이라고도 함.

유성 지구의 대기로 들어온 우주 공간의 물체. '별똥별'이라고도 부름.

은하 수만 광년에 걸쳐 수천억 개의 별과 행성 등이 중력으로 묶여 있는 우주 공간의 거대한 물체.

인공위성 자신이 속한 행성 주위의 궤도를 돌며 신호를 주고받는 기계.

입자 물질을 구성하는 아주아주 작은 물체.

적색 거성 아주 크고 상대적으로 차가운 별.

주계열 별 수소를 헬륨으로 융합하면서 열과 빛을 방출하는 별.

중력 두 물체가 서로 당기는 힘. 지구가 태양의 둘레를 돌게 하는 힘.

중성자별 무거웠던 별의 잔해에서 만들어진 엄청나게 밀도가 높은 천체.

진공 물질이 전혀 없는 상태.

천체 우주에 존재하는 모든 물체. 항성, 행성, 위성, 혜성, 성운, 인공위성 등을 통틀어 이르는 말.

초신성 거대한 별이 붕괴하여 폭발하는 것으로, 몇 달 동안 은하만큼 밝게 빛남.

탐사선 새로운 장소를 탐험하는 데 사용되는 것으로, 사람이 타지 않는 차량 또는 기계.

태양 태양계의 중심이 되는 별.

태양계 태양과 그 주위를 도는 천체의 집합.

태양 전지판 태양 빛을 받아서 전기로 바꾸는 장치.

파장 가시광선을 포함하여 빛이 이동하는 다양한 형태의 파동을 설명하는 이름.

펄사 양극에서 복사를 방출하며 자전하는 중성자별.

플라스마 일부 입자가 기체 안의 원자 사이를 더 자유롭게 이동할 수 있는 또 다른 기체 상태. 별에서는 플라스마가 매우 뜨거울 때가 많음.

행성 우주에서 별의 주위를 도는 천체.

혜성 타원처럼 생긴 긴 고리 모양의 궤도를 따라 별 주위를 도는 우주의 얼음과 먼지 덩어리.

찾아보기

가니메데 26, 32
가시광선 12~13
갈릴레오 52
거대 기체 행성 21, 26
게 성운 13
골디락스 지역 29, 30
광년 11, 48, 86
광도 39
광자 75, 76
국제 우주 정거장 9, 50, 60~61, 62, 75, 80, 88
국제 천문 연맹(IAU) 40, 42
궤도 22~23, 24, 25, 41, 71, 88
금성 18, 21, 23, 26, 30, 46, 52, 64

뉴호라이즌스 탐사선 65
닐 암스트롱 50, 55, 57

달 18, 22, 33, 50, 53, 55, 56~57, 63, 71, 81, 83, 88, 90
  달 착륙 56~57
대기 6, 8, 29, 30, 37, 50, 66, 71, 88, 91
데이모스 15
딥필드 49

로버 31, 33, 59, 67, 79, 91
로제타 탐사선 64
로켓 52, 53, 56, 61, 80, 91

마그네타 76
마야 52
망원경 9, 12~13, 34, 42, 48, 49, 52~53, 64, 76, 77, 90
  스피처 우주 망원경 13
  제임스웹 우주 망원경 53
  찬드라 엑스선 우주 망원경 13
  허블 우주 망원경 13, 49, 64
명왕성 18, 19, 20, 27, 65, 74
목성 19, 21, 23, 24, 26, 27, 32, 52, 64, 74
물 16, 28~29, 31, 32~33, 62, 71, 81
미국 항공 우주국 59, 80
미마스 27, 32

발렌티나 테레시코바 55, 58
백색 왜성 46
베네라 계획 64
별 7, 11, 17, 18, 20, 25, 34~35, 38~39, 40~41, 42, 44~47, 48, 51, 73, 76, 77, 89, 90, 91
  별의 종류 35, 38, 47, 76
  별의 흔적 39
별똥별 9
별자리 40~43
보이저 2호 65
복사 76
분자 8, 9, 31
블랙홀 47, 72, 73, 83, 89
빅뱅 16~17, 69, 83, 84

사건의 지평선 73
산소 66
새턴 5호 56
생명체 28~31, 64, 69, 78, 79, 83, 89, 91
성간 물질 44
성운 13, 44, 86
세레스 19, 20, 24, 27
소행성 7, 19, 22, 24, 45, 83, 91
  소행성대 19, 24
수성 18, 21, 23, 26, 29, 32, 46
수소 36, 37
스콧 켈리 63
스푸트니크 1호 54
시공간 72
신화 26, 42, 43
쌍성계 20

아스트롤라베 52
아원자입자 17
아폴로 55, 56~57, 88
알베르트 아인슈타인 71~72
암흑 물질 82, 89
암흑 에너지 82
얼음 25, 31, 32, 33
엔셀라두스 27, 32
영화 88
오르트 구름 25
오리온자리 40, 43
오무아무아 77
왜행성 19, 20, 24, 27

외계 생명체 78~79, 89, 91
우리은하 49, 82, 86
우주 경쟁 54~55
우주 비행사 9, 36, 50~51, 53,
　54~55, 56~57, 58~63, 66, 75,
　80, 81, 91
　우주 비행사 훈련 62
우주선 21, 56, 59, 61, 65, 66, 71,
　74~75, 80, 81, 83, 91
우주여행 58, 62~63, 71, 74~75,
　80, 81, 88
우주의 끝 10
우주의 모양 17
우주의 시작 16
우주의 종말 84
우주의 크기 10
원시별 45
원자 7, 8, 17, 37, 70, 76, 82, 84
위성(자연 위성) 15, 18, 20, 22,
　26~27, 32, 52, 65, 76, 91
유로파 26, 32
유리 가가린 50, 54
유성 9
은하 48~49, 53, 77, 82, 86, 89
입자 17, 44, 75, 76, 88

자전축 23
작은 마젤란 성운 86
정착 기지 66~67
주계열 별 38, 45, 47
주노(목성 탐사선) 64

중력 14, 15, 44, 61, 62, 70~72,
　73, 82, 88, 89
중성자별 47, 76
지각판 29
지구 5, 8, 9, 11, 14, 18, 19, 21,
　23, 25, 26, 28~29, 30, 31, 33,
　34, 36, 39, 40, 41, 42, 46, 48,
　49, 50, 57, 60, 63, 64, 67, 71,
　72, 78, 79, 81, 82, 83, 85, 88,
　89, 90, 91
진공 7

천문학 41, 51~53, 77
천왕성 19, 21, 23, 26, 65
초신성 47
추락한 우주 비행사 57

카르만 선 9, 80
카시니 하위헌스 65
카이퍼대 27
칼리스토 26, 32
켈빈 38
코스모스 51

타이탄 27, 65
태비의 별 77
태양 5, 18, 20, 22, 23, 24, 25, 29,
　35~37, 38, 39, 41, 45, 46, 47,
　60, 66, 71, 72, 75, 76, 81, 85,
　88

태양계 5, 18~19, 20, 21, 22, 24,
　25, 26, 27, 29, 30, 41, 64, 65,
　77, 83, 88
태양 돛 75
태양풍 75, 88
토성 14, 19, 21, 23, 27, 32, 65

파장 12~13
퍼서비어런스 64
펄사 76
페르시아 52
포보스 15
플라스마 20, 36

해왕성 19, 21, 23, 26, 29, 65
핵융합 37, 46, 47
햄(침팬지) 50
행성 7, 14, 18~19, 20, 21, 22~23,
　24, 26, 28, 29, 30~31, 37, 41,
　44, 45, 51, 52, 71, 76, 79, 83,
　88, 90, 91
헬륨 36, 37
혜성 7, 22, 25, 33, 45, 64, 76
　헤일-밥 혜성 25
호그 천체 77
화성 15, 18, 21, 23, 24, 26, 27,
　30, 31, 59, 64, 66~67, 74, 81,
　88
황도 12궁 41

이 책을 만든 사람들

누가 글을 썼나요?
알렉스 프리스, 앨리스 제임스

누가 그림을 그렸나요?
데이비드 J 플랜트

누가 디자인했나요?
조 레이, 태비사 블로어, 스티븐 몬크리프

누가 함께 만들었나요?
에드 블루머 박사
(그리니치 천문대)

누가 편집했나요?
제인 치즘

아트 디렉터
메리 카트라이트

이 책에 실린 사진은 어디서 왔나요?

4-5쪽 타란튤라 성운 © NASA/JPL-Caltech. 9쪽 페르세이드 유성우 © NASA/Bill Ingalls. 13쪽 게 성운 © NASA, ESA, G.Dubner IAFE, CONICET-University of Buenos Aires et al; A. Loll et al; T. Temim et al; F. Seward et al; VLA/NRAO/AUI/NSF; Chandra/CXC; Sitzer/SPL-Caltech; XMM-Newton/ESA; and Hubble/STScI. 25쪽 헤일-밥 혜성 © Detlev Van Ravenswaay/Science Photo Library (SPL). 28쪽 지구 © NASA Goddard. 30쪽 금성 © NASA/JPL-Caltech. 31쪽 화성 © NASA/JPL/Malin Space Science Systems. 36쪽 태양 © NASA Goddard. 39쪽 별 궤적 © Amirreza Kamkar/SPL. 40쪽 오리온 © ESA/Hubble/Akira Fujii. 48쪽 나선은하 © NASA Goddard. 49쪽 익스트림 딥필드 © NASA Goddard. 57쪽 발자국 © NASA, 문워크 © NASA/JSC. 67쪽 화성 표면 © NASA/JPL-Caltech/MSSS, 화성 암석 © NASA/JPL-Cltech/LANL/CNES/IRAP/LPGNantes/CNRS/IAS/MSSS. 86-87쪽 작은 마젤란 성운 © NASA/CXC/JPL-Caltech/STScI.

한국어판 1판 1쇄 펴냄 2025년 9월 1일
옮김 이강환 편집 권하선 디자인 황혜련, 전유진 펴낸곳 (주)비룡소인터내셔널 전화 02)6207-5007 팩스 02)515-2007
한국어판 저작권 © 2025 Usborne Publishing Limited
영문 원서 Big Questions About the Universe 1판 1쇄 펴냄 2023년
글 알렉스 프리스 외 그림 데이비드 J 플랜트
디자인 조 레이 외 감수 에드 블루머 박사
펴낸곳 Usborne Publishing Limited usborne.com
영문 원서 저작권 © 2023 Usborne Publishing Limited

이 책의 영문 원서 저작권과 한국어판 저작권은 Usborne Publishing Limited에 있습니다.
저작권법에 의하여 한국 내에서 보호를 받는 저작물이므로 무단전재와 복제를 금합니다.
이 출판물의 어떠한 부분도 인공 지능 기술 또는 시스템(텍스트 또는 데이터 마이닝 포함)의 학습 목적으로 복제되거나 사용될 수 없으며, 당사의 사전 허가 없이 정보 검색 시스템에 저장하거나 어떤 형태로든 전송할 수 없습니다.
어스본 이름과 풍선 로고는 Usborne Publishing Limited의 트레이드 마크입니다.

Usborne

그리니치 천문대와 함께하는
별자리와 천체 관측

샘 스미스 글·리 코스그로브 그림

캐런 톰린스 디자인

그리니치 천문대 수석 천문학자 에드 블루머 감수

신인수 옮김

영국 왕립 그리니치 천문대는
천문학과 항해술을 연구하기 위해 1675년 영국의 그리니치에 세워졌어요.
이후 태양·달·행성·항성의 위치를 정밀 관측하는 등 천문학 발전을 이끌어 왔답니다.

인터넷에서 자료 찾기

어스본 바로가기(usborne.com/quicklinks)에 방문해서
검색창에 'Stargazing Book'을 입력해 보세요. 별에 관한 동영상을 보거나
별자리 관찰에 도움이 되는 정보와 활동을 찾을 수 있어요. QR코드를 스캔해서
웹사이트에 방문할 수도 있어요. 다만, 연결되는 웹사이트는 모두 영문으로 제공되어요.

어스본 출판사는 '어스본 바로가기' 이외의 정보 이용에 대한 법적 책임을 지지 않습니다.
어린이가 인터넷을 사용할 때는 반드시 보호자의 지도가 필요합니다.

지구의 적도를 기준으로 북쪽 지역을 '북반구', 남쪽 지역을 '남반구'라고 해요.
북반구와 남반구는 계절이 서로 반대이고, 볼 수 있는 별자리도 달라요. 이 책에서는 북반구의 별자리를 소개해요.

별이 빛나는 밤

맑은 날, 캄캄한 밤하늘에는 수천 개의 아름다운 별이 환하게 빛나요.
별은 거대하고 아주 뜨거운 가스 덩어리예요. 지구에서 굉장히 먼 곳에 있어서
반짝거리는 작은 점처럼 보이지요.

수백만 년 동안 사람들은 여러 별을 이어서 만든 모양에
동물, 물건, 신화 속 인물의 이름을 붙여 왔어요.
이것을 별자리라고 해요.

오랫동안 천문학자들은
밤하늘의 별자리를
지도처럼 써 왔고…

바다뱀자리

작은개자리

큰개자리

…뱃사람들은 바다에서
별자리를 보고
방향을 찾아갔어요.

인류의 역사 속에서 사람들은 문화와 전통에 따라
각기 다른 모양과 이름의 별자리를 만들었어요.

고대 그리스 사람들은 신과 영웅, 괴물들의 이야기가 담긴 신화를 바탕으로 별자리를 만들었어요.
그리고 이 별자리 이야기는 오늘날까지 전해져 와요.

오리온자리

황소자리

위 별자리에 관해서는 20-21쪽에서 더 알아봐요.

자, 이제 별자리를 찾는 방법을 알아볼까요?

언제 어디서 별을 찾을까요?

밤하늘이 맑고 깜깜해야 별을 잘 볼 수 있어요.
별을 보러 떠나기 전에 어떤 별을 찾아볼지 미리 계획하고,
항상 어른과 함께 별을 관찰해요.

일기 예보를 미리 확인해요.
날이 흐리면 별이 전혀 보이지 않을 거예요.

달빛이 너무 밝아도 별이 잘 보이지 않아요.
그래서 가느다란 초승달이 떴을 때나
달이 아예 보이지 않을 때
별을 관찰하기에 가장 좋아요.

도시에서는 불빛이 환해서
많은 별을 관찰할 수 없어요.
높은 건물과 나무가
하늘을 가리지요.

밤하늘을 가리는 것이 없고
불빛이 닿지 않는 높은 장소를
찾아봐요.

별자리 대부분은 볼 수 있는 계절이 정해져 있어요. 하지만 일 년 내내 북쪽 하늘에 떠 있는 별자리가 하나 있어요. 바로 북두칠성이에요.

북두칠성은 큰 국자나 손잡이가 긴 냄비처럼 보여요.

알쏭달쏭 별자리 이야기

북두칠성은 빛이 희미한 별자리나 알아보기 어려운 별자리를 찾을 때 도움이 돼요. 12~13쪽에서 더 알아봐요.

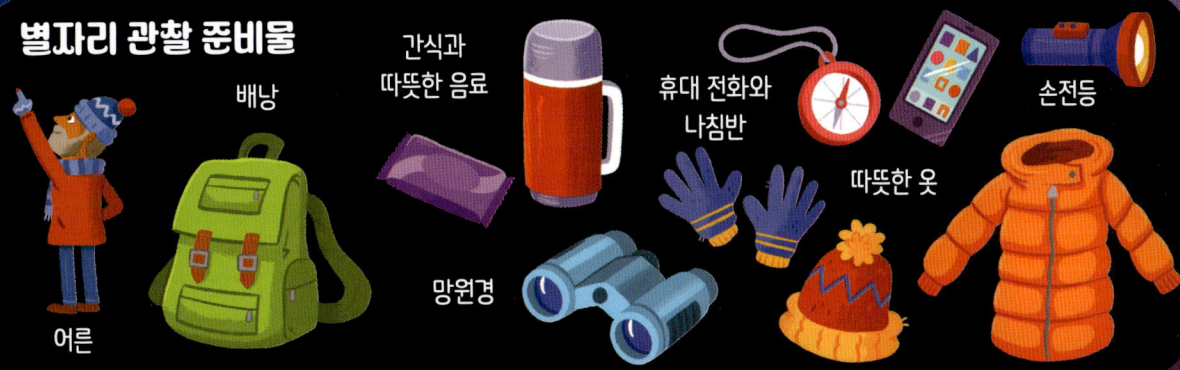

별자리 관찰 준비물

- 어른
- 배낭
- 간식과 따뜻한 음료
- 휴대 전화와 나침반
- 손전등
- 망원경
- 따뜻한 옷

무엇을 관찰할 수 있을까요?

우주에 있는 모든 것들은 지구로부터 어마어마하게 멀리 떨어져 있어요.
지구에서는 우주의 달, 별, 행성이 어떻게 보일까요?

달은 지구와 가장 가까워요. 그래서 가장 크고 밝게 보이지요.
가느다란 초승달에서 둥근 보름달까지 지구에서 보이는 달의 모양은
매일 달라져요. 사실 우주에서 보는 달은 늘 둥근 모양이에요.

달

다른 행성들은 달보다 수백만 킬로미터 더 멀리
떨어져 있어요. 그래서 훨씬 더 작고, 밝은 점처럼 보여요.

밤하늘에서 토성은 작고 노란 점처럼 보일 거예요.
성능이 좋은 망원경이 있어야만 자세히 볼 수 있어요.

토성

별은 지구에서 멀리 떨어져 있어서
별빛이 우리 눈에 닿기까지 몇 년이
걸려요. 별은 가장 작은 점처럼 보이고,
밤하늘 가득 반짝거려요.

지구에서 보면 별자리로 묶인 별들이 서로 가까이 있는 듯 보여요.
어떤 별들은 아름답게 무리 지어 있지요. 서로 뭉쳐 있는 별들의 무리를
성단이라고 해요. 위 사진은 '플레이아데스성단'이에요.

별의 색깔

어떤 별은 독특한 색을 띠어요. 가장 뜨거운 별은 파란색이나 흰색을 띠고, 더 차가운 별은 빨간색을 띠지요. 이처럼 별에도 여러 종류가 있어요.

백색 왜성
죽어가는 별의 남은 흔적이에요. 크기가 지구만 해요.

적색 왜성
우주에서는 가장 흔한 별이지만 작고 밝지 않아서 지구에서 맨눈으로 관찰하기 어려워요.

G형 주계열성
태양과 같은 종류의 별이에요. 대부분은 노란색이 아닌 흰색으로 보여요.
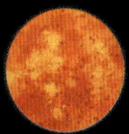

적색 거성
나이가 많고 거대한 별이에요. 태양이 50억 년 뒤에 적색 거성이 되어 지구를 삼켜 버릴 수도 있어요!
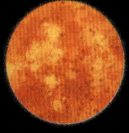

청색 초거성
크고 아주 뜨거운 별이에요. 태양보다 몇 백만 배나 더 밝은 별도 있지요.

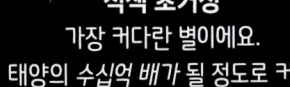

제임스 웹 우주 망원경으로 2023년에 새로 태어난 별을 찍은 사진이에요.

적색 초거성
가장 커다란 별이에요. 태양의 수십억 배가 될 정도로 커요!

청색 극대거성
거대하고 밝은 극대거성들은 수십억 년을 사는 다른 별들에 비해 오래 살지 못해요. 수백만 년밖에 못 살지요.

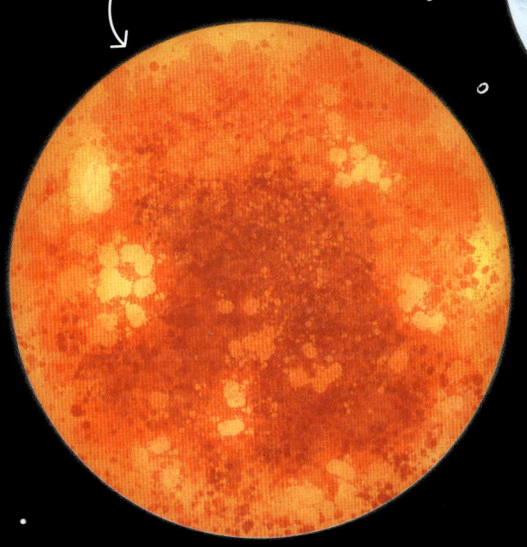

> **알쏭달쏭 별자리 이야기**
> 우리는 깜깜한 밤에 약 4,000개의 별을 맨눈으로 찾을 수 있어요.

그 밖에도 별은 여러 종류가 있어요. 별들의 크기 차이가 어마어마해서 여기에 별들의 크기를 정확한 비율로 나타내지 못했어요. 그릴 공간이 부족하거든요!

끝없이 변하는 밤하늘

지구는 계속해서 빙글빙글 돌아요. 이는 '자전'이라고 해요.
지구가 자전하면서 태양이 하늘에 떠올랐다가 지고, 낮과 밤이 생기지요.
밤하늘의 별이 천천히 움직이는 것처럼 보이는 것도 지구가 계속 돌고 있기 때문이에요.

밤이 시작되면 어느 한 곳에 별이 모습을 드러내요.

초저녁에 나타난 쌍둥이자리

새벽이 되면 별이 슬금슬금 자리를 옮겨요.

같은 날, 시간이 흐른 뒤에 보이는 쌍둥이자리

👀 별자리를 찾아보아요!

어느 한 나무나 건물 위에 나타난 별을 하나 골라요. 몇 시간 뒤에 보면, 그 별이 다른 곳에 있을 거예요.
어쩌면 땅과 하늘이 맞닿은 '지평선' 아래로 완전히 내려가 보이지 않을 수도 있어요.

길잡이 별

움직이지 않는 별이 하나 있어요. '폴라리스'라는 별인데, 북쪽 하늘에 나타나서 대부분 북극성이라고 불러요.

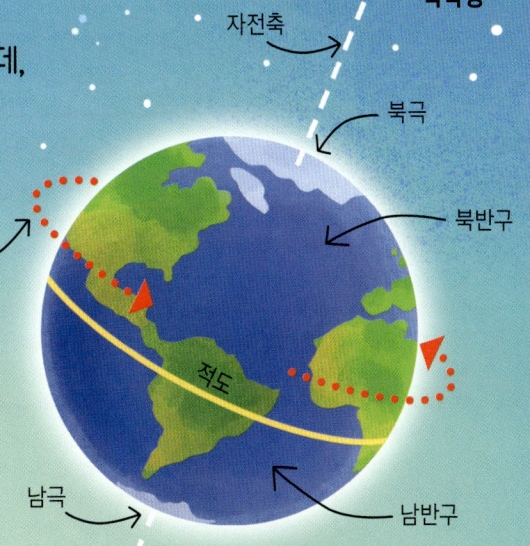

북극과 남극을 잇는 상상의 선을 '자전축'이라고 해요. 지구는 자전축을 중심으로 돌아요.

북극성은 자전축 위에 빙글빙글 도는 별들 가운데에 자리 잡고 있어요. 그래서 항상 같은 자리에 떠 있지요.

알쏭달쏭 별자리 이야기

'남극성'은 없어요. 대신 작지만 밝고 뚜렷해 남반구의 길잡이 역할을 하는 '남십자성'이 있어요.

북극성은 지구의 북쪽인 북반구에서만 보여요. 북두칠성을 활용해 북극성을 찾을 수 있지요.

북극성은 작은곰자리에 있어요.

여기 있는 별 두 개는 '지극성'이라고 해요. 언제나 북극성을 가리키고 있어요.

몇 시간에 걸쳐 밤하늘을 찍은 사진이에요. 북반구의 별들이 북극성을 가운데 두고 시계 반대 방향으로 움직이는 모습을 보여 주지요.

계절마다 변하는 하늘

지구는 해마다 궤도*를 따라 태양 주위를 빙 돌아요.
그래서 계절이 변하고 우리가 볼 수 있는 별도 바뀌어요.

* 행성이나 달이 태양이나 다른 행성을 돌면서 그리는 타원 모양의 길.

아래 화살표는 지구가 1년 동안 밤에
우주의 어느 방향을 향하는지 보여 줘요.
그림처럼 지구의 위치가 달라져 다른 밤하늘을 향하기
때문에 계절마다 다른 별이 보이는 거예요.

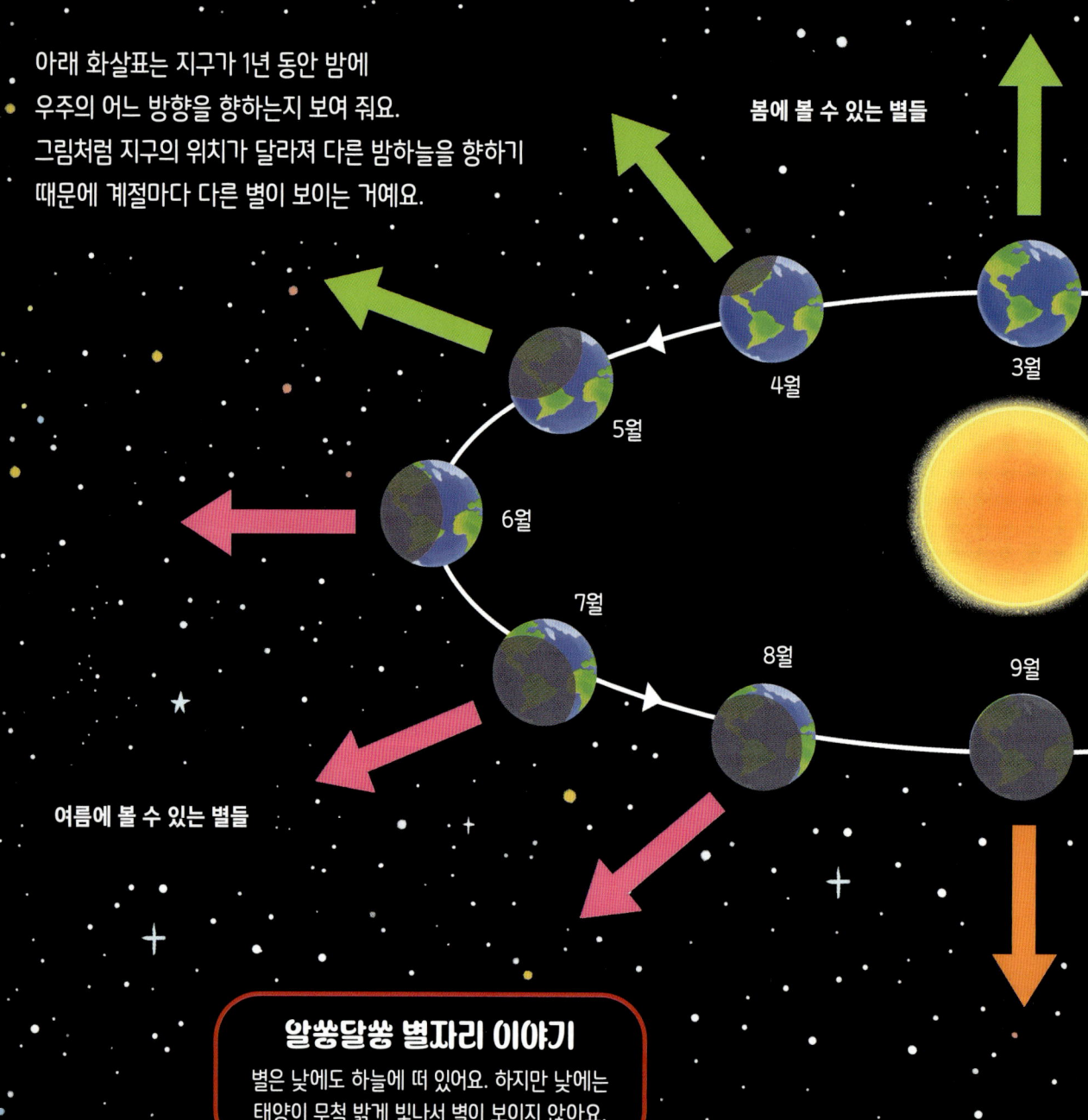

봄에 볼 수 있는 별들

여름에 볼 수 있는 별들

알쏭달쏭 별자리 이야기

별은 낮에도 하늘에 떠 있어요. 하지만 낮에는
태양이 무척 밝게 빛나서 별이 보이지 않아요.

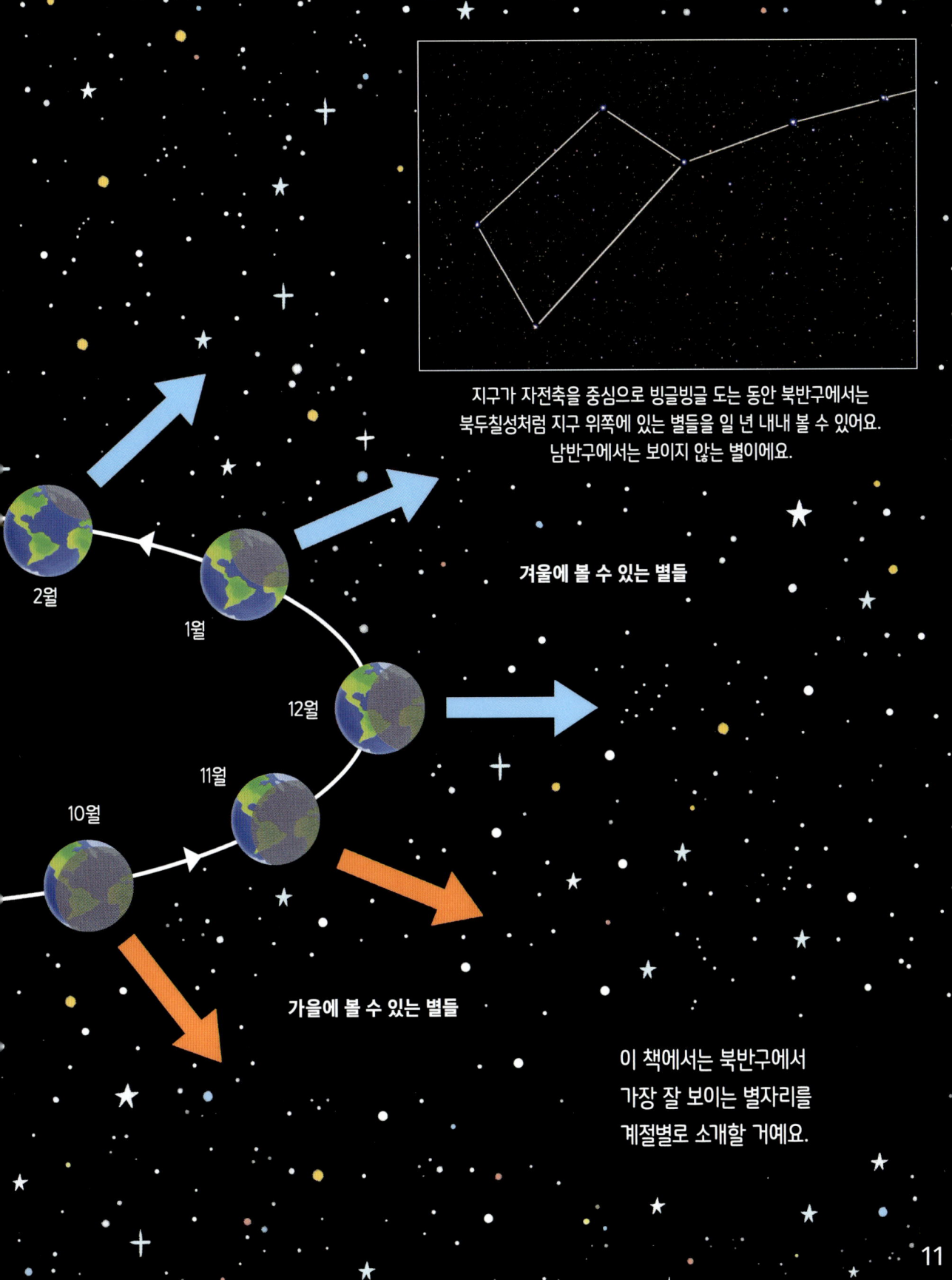

시작은 북두칠성에서

북두칠성은 일 년 내내 북쪽 하늘에서 쉽게 찾을 수 있어요.
그래서 어느 계절이든 북두칠성을 표지판 삼아
여러 별자리를 찾을 수 있지요.

가장 밝은 별을 크게 그렸어요. 이 별들이 징검다리가 될 거예요.
이제 북두칠성에서 시작해 눈으로 별 사이를 건너뛰어 다른 별자리를 찾아요.
이렇게 별자리를 찾는 방식을 스타호핑법이라고 해요.

알쏭달쏭 별자리 이야기

스타호핑법으로 별자리를 찾을 때
주먹으로 거리를 가늠할 수 있어요.
오른쪽에서 더 자세히 알아보아요.

별자리를 찾아보아요!

28~31쪽에 있는 별자리 지도에서 큰곰자리의 꼬리 부분에 있는 북두칠성을 찾아요.
그런 다음, 스타호핑법으로 찾을 계절별 별자리의 위치와 방향을 살펴보아요.

별자리 찾기 TIP

머리 위에 펼쳐진 밤하늘은 동그라미를 반으로 자른 모양 같아요.
각도를 180도까지 나눌 수 있지요. 주먹으로 각도를 가늠하면
별자리 사이가 몇 도 정도 떨어져 있는지 알고, 별자리를 쉽게 찾을 수 있어요.

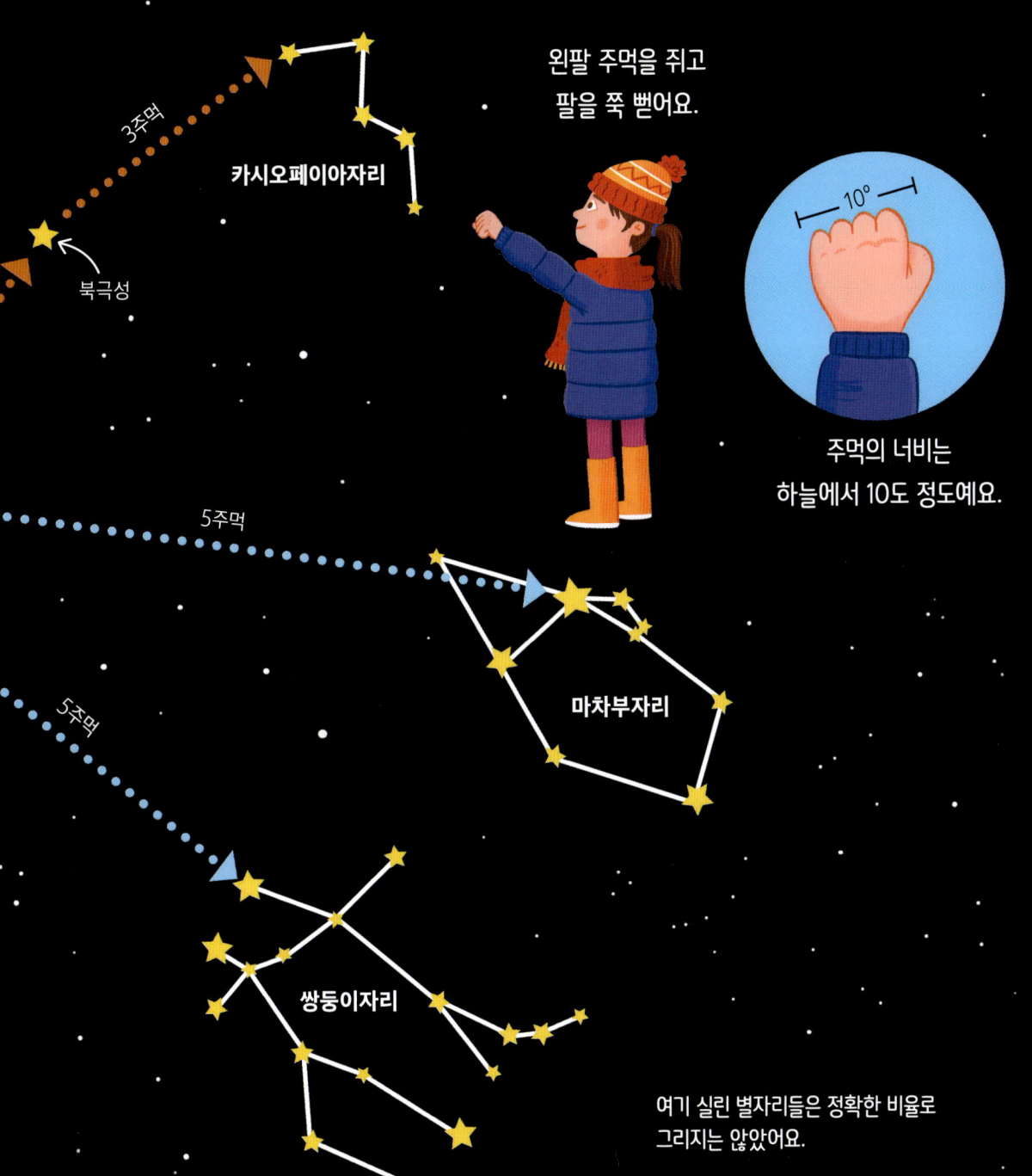

왼팔 주먹을 쥐고
팔을 쭉 뻗어요.

3주먹

카시오페이아자리

북극성

5주먹

5주먹

마차부자리

쌍둥이자리

주먹의 너비는
하늘에서 10도 정도예요.

여기 실린 별자리들은 정확한 비율로
그리지는 않았어요.

봄철 별자리

따뜻한 봄에 밤하늘에서 볼 수 있는 별자리예요.
고대 그리스 신화를 바탕으로 별자리를 만든 이야기가 담겨 있어요.

레굴루스

사자자리

세상에서 가장 힘이 센 영웅 *헤라클레스*는 사람들과 동물들을 마구 해치던 사자를 물리쳤어요. 신들의 왕 제우스는 사자를 별자리로 만들어 헤라클레스의 용감함을 모두 기억하도록 했답니다.

별자리 찾기 TIP!
사자자리 머리 부분인 옆으로 뒤집은 물음표 모양을 찾아요. 사자자리 맨 아랫부분에는 사자자리의 가장 밝은 별 '레굴루스'가 빛나요.

별자리 찾기 TIP!
목동자리 옆에 그릇 모양의 별자리를 찾아요.

북쪽왕관자리

크레타의 *아리아드네* 공주는 포도주의 신 *디오니소스*와 사랑에 빠졌어요. 디오니소스는 공주에게 7개의 보석이 박힌 왕관을 선물했어요. 그리고 공주와의 사랑을 영원히 기억하기 위해 왕관을 하늘의 별자리로 만들었답니다.

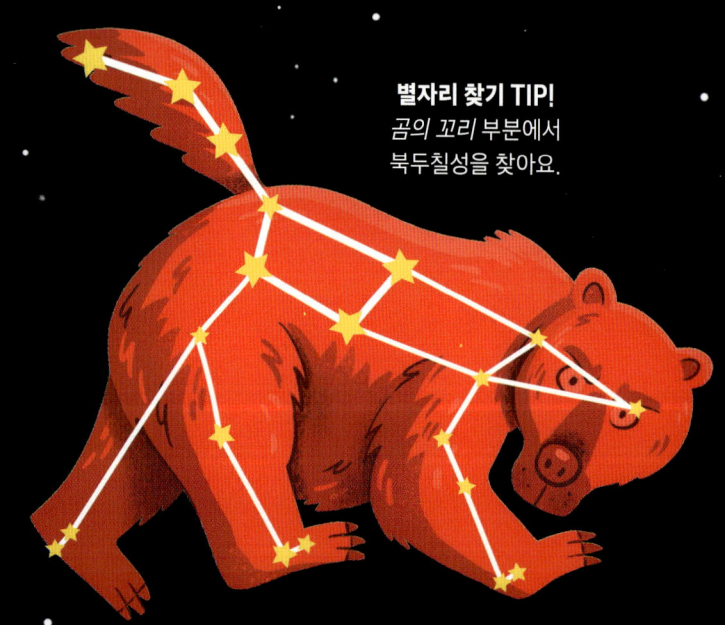

별자리 찾기 TIP!
곰의 꼬리 부분에서 북두칠성을 찾아요.

큰곰자리

*제우스*는 결혼과 가정의 신 *헤라*와 결혼했어요. 그런데 헤라 몰래 인간 *칼리스토*와의 사이에서 아들을 낳았지요. 이 사실을 알고 화가 난 헤라는 칼리스토를 곰으로 만들어 버렸어요. 제우스는 슬퍼하며 곰을 별자리로 만들었답니다.

까마귀자리

태양의 신 *아폴론*이 까마귀에게 물심부름을 시켰어요. 까마귀는 심부름을 하다가 한눈을 팔았어요. 그러고선 늦었다고 거짓말을 했어요. 하지만 사실을 알고 있던 아폴론은 까마귀를 하늘로 던져 버렸고, 까마귀는 별자리가 되었어요.

별자리 찾기 TIP!
처녀자리의 가장 밝은 별 '스피카' 근처에서 연 모양 별자리를 찾아요.

처녀자리

정의의 신 *아스트레아*는 사람들에게 '정의'를 가르쳤어요. 하지만 사람들은 매일매일 싸웠고, 친구와 가족까지 죽이곤 했어요. 아스트레아는 결국 사람들에게 실망해 하늘로 올라가 버렸어요. 처녀자리는 정의의 신 아스트레아의 모습을 나타낸답니다.

스피카

별자리 찾기 TIP!
처녀자리의 가장 밝은 별 '스피카'는 목동자리의 별 '아르크투루스'에서 세 주먹만큼 떨어져 있어요.

목동자리

칼리스토와 제우스의 아들 *아르카스*는 농사를 지을 때 쓰는 쟁기를 발명했어요. 사람들은 더 풍요롭게 농사를 지을 수 있게 되었지요. 신들은 기뻐하며 아르카스의 별자리를 만들어 주었고, 그게 바로 목동자리예요.

별자리 찾기 TIP!
북두칠성 근처에 *아이스크림콘 모양*을 한 별자리를 찾아요. 아래에는 밝게 빛나는 빨간색 별 '아르크투루스'가 있어요.

아르크투루스

★ 봄철 별자리 지도를 확인해요.
→ 28쪽

여름철 별자리

여름 하늘의 별자리는 선명하고 밝아요.
스타호핑법으로 별자리 찾는 연습을 하기 좋은 시기랍니다.

백조자리

어느 날, 신들의 왕 *제우스*는 스파르타의 여왕 *레다*에게 푹 빠졌어요. 하지만 이미 *헤라*와 결혼한 제우스는 아무도 모르게 레다를 만나려고 백조로 변신하곤 했어요. 백조자리는 백조로 변신한 제우스의 모습이랍니다.

데네브

별자리 찾기 TIP!
백조자리 한쪽 끝에
가장 밝은 별 '데네브'가 있어요.
데네브에서 이어진
십자가 모양을 찾아요.

알타이르

독수리자리

독수리자리는 *제우스*가 키우던 커다란 독수리를 나타낸 거예요. 독수리는 제우스의 강력한 무기인 번개를 나르는 등 심부름을 했어요.

별자리 찾기 TIP!
독수리자리의 가장 밝은 별
'알타이르'는 백조자리의 데네브에서
약 네 주먹만큼 떨어져 있어요.

궁수자리

상반신은 사람이고, 하반신은 말인 켄타우로스 *케이론*은 영웅들의 선생님이었어요. 어느 날, 케이론은 제자가 잘못 쏜 독화살에 맞아 죽고 말았어요. 제우스는 케이론을 별자리로 만들었고, 케이론의 화살은 전갈자리의 별 '안타레스'를 겨냥하고 있어요.

별자리 찾기 TIP!
찻주전자 같은 모양을 찾고,
케이론의 활과 화살 모양을
상상해 보아요.

거문고자리(리라자리)

고대 그리스에 리라 연주를 잘하는 *오르페우스*가 살았어요.
오르페우스의 연주를 들으면 누구나, 심지어 바위까지 감동하곤 했어요.
제우스는 오르페우스의 리라를 별자리로 만들어
사람들이 영원히 그 음악을 기억하도록 했답니다.

별자리 찾기 TIP!
백조자리의 별 '데네브'에서 세 주먹쯤 떨어진 곳에
살짝 기울어진 네모 모양과 거문고자리의
가장 밝은 별 '베가'를 찾아요.

헤르쿨레스자리(헤라클레스자리)

영웅 *헤라클레스*는 자유를 얻기 위해 굉장히 어려운 열두 가지
과업을 하게 되었어요. 괴물 바다뱀 히드라를 죽이는 일도
해냈지요. 시간이 흘러 헤라클레스가 죽음을 맞이하자,
제우스는 헤라클레스를 하늘에 올려 별자리로 만들었어요.

별자리 찾기 TIP!
밤하늘에서는 헤라클레스가 거꾸로 걷는 것처럼
보일 거예요. 별자리 가운데에 위치한
약간 찌그러진 H자 모양을 찾아요.
그 부분이 헤라클레스의 몸통이에요.

전갈자리

사냥꾼 *오리온*은 세상에서 자기가 가장 강하다고 생각했어요.
*헤라*는 오리온의 거만함에 화가 나서 무시무시한 전갈을
보냈어요. 하지만 전갈은 오리온을 죽이지 못하고,
하늘로 올라가 별자리가 되었답니다.

별자리 찾기 TIP!
전갈자리에서 밝게 빛나는
붉은색 별 '안타레스'를 찾아요.

★ 여름철 별자리 지도를 확인해요.
→ 29쪽

가을철 별자리

가을에는 밤이 점점 더 길어져요.
하늘에는 밝게 빛나는 별들이 가득 차서 찾아볼 별자리가 많아요.

카시오페이아자리

옛날에 에티오피아에 *카시오페이아* 여왕이 살았어요. 여왕은 허영심이 많아 자신이 바다의 신 *포세이돈*의 딸보다 더 예쁘다고 말하곤 했어요. 포세이돈은 화가 나서 에티오피아에 무시무시한 바다 괴물 세투스를 보냈어요. 그리고 여왕을 별자리로 만들어 버렸답니다.

별자리 찾기 TIP!
*커다란 W 또는 M자 모양을 찾아요.
늘 북극성 반대편에 있어요.*

안드로메다자리

포세이돈이 괴물 세투스를 보내자 카시오페이아의 딸 *안드로메다* 공주가 제물로 바쳐졌어요.
사람들은 공주를 사슬로 묶어 바위에 매달았지요.
안드로메다자리는 사슬에 묶인 공주의 모습을 나타내요.

별자리 찾기 TIP!
카시오페이아자리 옆에 한 줄로 늘어선 별자리를 찾아요. 안드로메다자리는 페가수스자리의 몸통까지 쭉 연결돼요.

별자리 찾기 TIP!
물 위로 뛰어오르는 돌고래 같은 모양을 찾아요.

돌고래자리

그리스 최고의 하프 연주자 *아리온*이 배를 타고 가던 길에 위험에 빠졌어요. 아리온은 마지막으로 하프를 연주했고, 아름다운 노랫소리에 감동받은 돌고래가 아리온을 등에 태우고 해안까지 데려다주었지요. 그러자 신들이 돌고래를 별자리로 만들었답니다.

양자리

옛날에 어릴 때 엄마를 여읜 한 남매가 살았어요. 전령의 신 헤르메스는 가여운 남매에게 황금 양을 보냈어요. 황금 양은 아이들을 태우고 하늘을 날고, 황금 양털을 선물했지요. 신들의 왕 제우스는 황금 양을 별자리로 만들었는데, 황금 양털이 없어서인지 희미하게 빛난답니다.

별자리 찾기 TIP!
겨울철 황소자리의 '플레이아데스성단' 근처에서 *휘어진 모양으로 이어진 별들을* 찾아요. 약하게 빛나고 있을 거예요.

페르세우스자리

머리카락이 뱀인 괴물 메두사는 자신의 눈을 쳐다본 사람을 돌로 만들어 버려요. 어느 날, 영웅 페르세우스가 메두사를 무찌르고 머리를 잘라 돌아가다가 세투스의 위협을 받던 *안드로메다* 공주를 발견했어요. 페르세우스는 두 눈을 질끈 감고 메두사의 머리를 높이 들어 올려 세투스를 돌로 만들고, 안드로메다를 구해냈답니다.

별자리 찾기 TIP!
카시오페이아자리 옆에 *커다란 Y자 모양을* 찾아요.

페가수스자리

한 청년이 날개 달린 말 *페가수스*를 타고 특별한 모험을 했어요. 자만심에 빠진 청년은 페가수스를 타고 신들의 세상으로 가려고 했어요. 제우스는 화가 나서 번개를 쳤고, 청년은 페가수스에서 떨어지고 말았어요. 그래서 페가수스자리에는 페가수스만 남아 있답니다.

★ 가을철 별자리 지도를 확인해요.
→ 30쪽

별자리 찾기 TIP!
페가수스 몸통 부분의 *커다란 네모 모양을* 찾아요.

겨울철 별자리

겨울 밤하늘을 대표하는 별자리는 허리띠가 번쩍이는 '오리온자리'예요.
오리온자리는 주위에 밝은 별들로 둘러싸여 있는데 그 가운데
'시리우스' 별이 가장 밝아요.

쌍둥이자리

카스토르와 폴룩스는 쌍둥이 형제예요. 폴룩스는 영원히 죽지 않는 불사신이었지요. 어느 날, 카스토르가 전쟁터에서 죽자, 슬픔에 빠진 폴룩스는 카스토르를 따라가고 싶어 했어요. 하지만 죽을 수가 없었지요. 그러자 신들의 왕 제우스가 두 사람을 별자리로 만들어 주었어요.

별자리 찾기 TIP!
쌍둥이자리의 머리 부분에 있는
가장 밝은 별
'카스토르'와 '폴룩스'를 찾아요.

작은개자리

작은개자리에 관한 이야기는 여러 가지예요. 그중에는 작은 개 *매라*가 죽은 주인의 시체를 찾아냈고, 신들이 기특하게 여겨 별자리로 만들었다는 이야기가 있어요.

별자리 찾기 TIP!
작은개자리의
가장 밝은 별
'프로키온'을 찾아요.

큰개자리

큰 개 *라이라프스*는 엄청나게 빨리 달렸어요. 그런데 어느 날, 화살보다 빠른 여우가 나타나 가축을 마구 잡아먹었고, 라이라프스는 몇 달 동안 여우를 쫓은 끝에 간신히 잡았어요. 제우스는 기뻐하며 라이라프스를 별자리로 만들었답니다.

별자리 찾기 TIP!
큰개자리에서 가장 밝게 빛나는 푸른 빛의 흰색 별
'시리우스'를 찾아요. '개의 별'이라고도 불리지요.

마차부자리

다리를 저는 *에릭토니우스*는 편하게 움직이기 위해 마차를 발명했어요. *제우스*는 이를 대단하게 여겨 에릭토니우스를 별자리로 만들었어요. 에릭토니우스가 안고 있는 염소에는 어릴 때 염소젖을 먹으며 자랐던 제우스의 이야기가 담겨 있어요.

카펠라

별자리 찾기 TIP!
마차부자리에서 가장 밝게 빛나는 별
'카펠라'를 찾아요. 카펠라는
'염소 별'이라고도 불려요.

황소자리

*제우스*는 페니키아의 *유로파* 공주에게 첫눈에 반했어요. 그래서 소로 변신해 공주를 태우고 바다로 뛰어들어 크레타 섬으로 헤엄쳐 갔고, 공주를 아내로 맞이했답니다. 황소자리는 소로 변신한 제우스의 모습이에요.

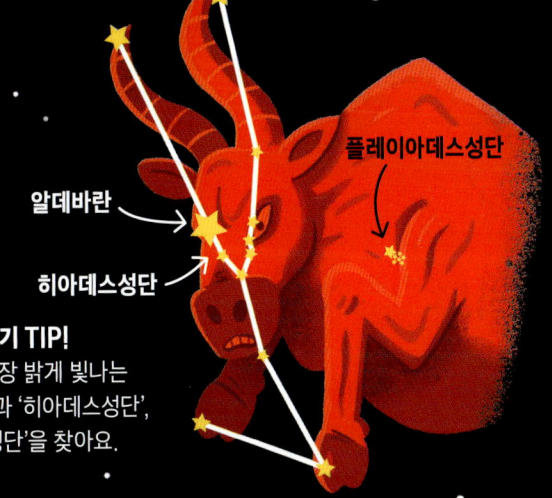

플레이아데스성단
알데바란
히아데스성단

별자리 찾기 TIP!
황소자리에서 가장 밝게 빛나는
붉은 별 '알데바란'과 '히아데스성단',
'플레이아데스성단'을 찾아요.

오리온자리

사냥의 신 *아르테미스*는 오리온과 사랑에 빠졌어요. 태양신 *아폴론*은 둘의 사랑을 탐탁지 않게 여겼고, 오리온을 과녁 삼은 활쏘기 내기를 제안해요. 아르테미스는 이런 사실은 꿈에도 모른 채 오리온에게 활을 쏘았고, 자기 손으로 오리온을 죽인 걸 알고 슬픔에 빠졌어요. 그러자 제우스가 오리온을 별자리로 만들어 주었답니다.

별자리 찾기 TIP!
한 줄로 나란히 있는 별 세 개를 찾아요.
오리온의 허리띠로
가장 잘 보이는 부분이지요.

★ 겨울철 별자리 지도를 확인해요.
→ 31쪽

은하

거대하게 무리 지어 있는 별들을 '은하'라고 불러요.
직접 관찰하면 환상적으로 아름답다고 느끼게 될 거예요.
태양계가 속해 있는 우리은하를 살펴보아요.

과학자들은 은하 바깥에서는 우리은하가
위 그림처럼 나선 모양으로 보일 거라고 예상해요.
태양도 우리은하의 별들 중 하나예요.

맑고 달이 보이지 않는 밤, 남쪽 하늘에
별 수백만 개가 구름처럼 모인
길고 뿌연 띠가 있을 거예요.
바로 은하수예요. 여름에
가장 잘 보이지요.

천문학자들은 반짝이는 은하가
마치 하늘에 우유를 쏟은 것 같다고 생각했어요.
그래서 은하를 영어로 밀키웨이(Milky Way)라고
해요. '우유로 이루어진 길'이라는 뜻이지요.

별똥별

달이 보이지 않는 밤, 하늘을 쏜살같이 가로지르는 빛줄기가 보일 거예요. 바로 '별똥별'이에요. 별똥별은 사실 별이 아니에요.

별똥별은 작은 암석 등 우주 먼지가 지구의 중력에 이끌려 지구의 대기로 들어오면서 타오르는 현상을 말해요. 유성이라고도 부르지요.

지구가 거대한 우주 먼지 무리를 통과할 때, 밤하늘에서 비처럼 쏟아지는 수백 개의 별똥별, 즉 유성우를 볼 수 있어요.

우주 먼지
태양
지구 궤도

★ 다양한 유성우의 관측 시기를 확인해요.
→ 32쪽

달

아마도 밤하늘에서 가장 먼저 눈에 띄는 건 달일 거예요.
그런데 달이 지구를 빙빙 도는 거대한 암석 덩어리라는 사실을 알고 있나요?

달은 궤도를 따라 지구를 도는 공전을 하면서 달 스스로도 천천히 한 바퀴씩 도는 자전을 해요. 그래서 지구에서는 항상 '달의 앞면'밖에 볼 수 없어요. '달의 뒷면'은 지구에서 보이지 않아요.

달에서 검게 보이는 부분은 '달의 바다'라고 불러요. 사실 고대에 화산 활동으로 용암이 얼어붙어 만들어진 거대한 평원이지요.

밝게 보이는 부분은 '크레이터'예요. 수십억 년 전, 우주 암석이 달에 부딪혀 생긴 구덩이지요.

쌍안경으로도 달의 수많은 바다와 크레이터를 자세히 볼 수 있어요.

달은 스스로 빛을 내지 못해요. 태양 빛이 달에 반사되면서 빛나는 것처럼 보이는 거예요.
그럼 밤하늘의 달은 왜 매일 모양이 바뀔까요?
달이 지구 주위를 돌면서 태양 빛을 받는 면이 매일 달라지기 때문이에요.

달이 지구 주위를 돌 때 태양이 달을 비추는 부분은 아래와 같아요.

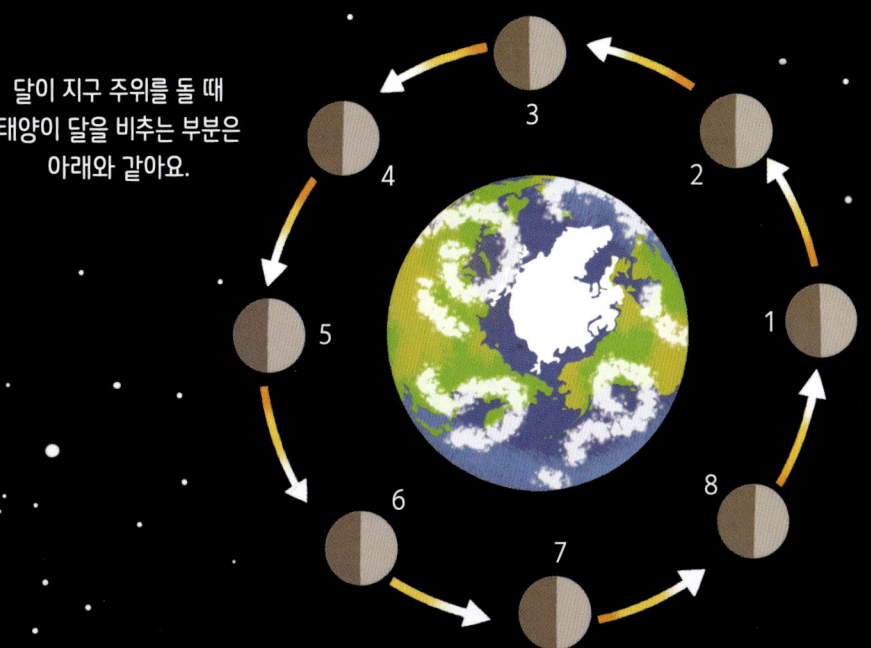

달이 각 번호에 위치할 때, 지구에서는 아래와 같은 모습으로 보여요.

1. 삭
(달이 전혀 보이지 않음)

2. 초승달

3. 상현달

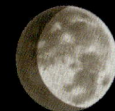
4. 상현과 보름 사이
(커지는 달)

5. 보름달

6. 보름과 하현 사이
(작아지는 달)

7. 하현달

8. 그믐달

알쏭달쏭 별자리 이야기

달은 29.5일 주기로 1~8번까지 한 바퀴를 돌아요. 그리고 다시 1번부터 시작해요.
고대 사람들은 달의 변화를 살펴보며 최초의 달력을 만들었어요.

태양계 행성 관측

행성은 별과 다르게 스스로 빛을 내지 못해요. 달처럼 태양 빛을 받아 빛을 반사하지요.
하지만 행성은 지구에서 멀리 떨어져 있어서 스스로 빛을 내는 별과 비슷하게 보여요.
그럼, 별과 행성을 어떻게 구분할 수 있을까요?

수성은 은빛 점처럼 보여요.
해가 떠오르기 직전에는 동쪽에서,
해가 진 직후에는 서쪽 하늘에서
찾을 수 있어요.

수성

금성

달을 제외하면, 금성은
밤하늘에서 가장 밝게 빛나요.
새벽이나 초저녁에 볼 수 있어요.

화성

화성은 밤하늘에서
붉은색으로 밝게 빛나는
별처럼 보여요.

지구

빛이 깜빡거리며 반짝이면 별이고…

…빛이 흔들림 없이 계속 빛나면 행성이에요.

이 행성들은 모두 다른 속도로 태양 중심의 궤도를 돌아요.
그래서 별자리와 함께 행성의 위치도 계속 변해요.
즉 밤하늘을 관측할 때, 행성이 항상 같은 자리에 있지 않을 거예요.

해왕성은 지구에서 엄청나게 멀리 떨어져
있고, 빛이 희미해서 천체망원경으로
봐야 찾을 수 있어요.

해왕성

알쏭달쏭 별자리 이야기
행성은 영어로 플래닛(planet)인데, '떠돌이'라는 뜻의 고대 그리스어에서 비롯되었어요. 초기 천문학자들은 행성이 별보다 훨씬 더 빨리 움직이는 것을 관찰하고, 행성을 '떠돌이 별'이라고 불렀어요.

천왕성

천왕성은 맨눈에는 잘 보이지 않아서
천체망원경으로 봐야 해요.

거대한 토성은 무척 깜깜한 밤에 밝게 빛나요.
은은한 황금빛에 둥근 고리가
함께 보일 거예요.

토성

목성은 가장 큰 행성이에요.
옅은 주황빛을 띠고, 다른 어떤 별보다도
더 밝게 보여요.

목성

오늘날에는 컴퓨터로 행성의 위치와 관측 시간을 예측하고 천체 관측 계획을 세운답니다.

봄철 별자리 지도 (3월~5월)

북쪽이나 남쪽 하늘을 올려다보고, 별자리 지도와 하늘에 보이는 별을 비교해 보세요.

여름철 별자리 지도 (6월~8월)

별들은 밤새 북극성 주위를 빙 돌아요. 그래서 별자리가 지도와 다른 각도와 위치에서 보일 수도 있어요.

* 여기 실린 별자리 지도는 북반구에서 보는 하늘을 나타낸 거예요.
사는 지역에 따라 보이는 별자리가 달라질 수 있어요.

가을철 별자리 지도 (9월~11월)

북쪽이나 남쪽 하늘을 올려다보고, 별자리 지도와 하늘에 보이는 별들을 비교해 보세요.

겨울철 별자리 지도 (12월~2월)

별들은 밤새 북극성 주위를 빙 돌아요. 그래서 별자리가 그림과 다른 각도와 위치에서 보일 수도 있어요.

북쪽 하늘

남쪽 하늘

* 여기 실린 별자리 지도는 북반구에서 보는 하늘을 나타낸 거예요.
사는 지역에 따라 보이는 별자리가 달라질 수 있어요.

유성우 관찰하기

여러분이 사는 곳에 따라서 유성우를 볼 수 있는 시기가 달라질 수 있어요.

*유성우가 가장 많이 보일 때.

유성우 이름	가까운 별자리	관측 시기	극대기*
사분의자리 유성우	목동자리	12월 28일~1월 12일	1월 4일
거문고자리 유성우	거문고자리	4월 14일~4월 30일	4월 22일
페르세우스자리 유성우	페르세우스자리	7월 17일~8월 24일	8월 12일
오리온자리 유성우	오리온자리	10월 2일~11월 7일	10월 21일
사자자리 유성우	사자자리	11월 6일~11월 30일	11월 18일
쌍둥이자리 유성우	쌍둥이자리	12월 4일~12월 20일	12월 14일

찾아보기

거문고자리 17
궁수자리 16
금성 26
까마귀자리 15
달 4, 6, 24, 25, 26
데네브 16, 17
독수리자리 16
돌고래자리 18
레굴루스 14
마차부자리 13, 21
목동자리 12, 15
목성 27
바다뱀자리 2
백조자리 12, 16, 17
베가 17

별똥별 23
북극성(폴라리스) 9, 13, 18, 29, 31
북두칠성 5, 9, 11, 12, 14, 18
북쪽왕관자리 14
작은개자리 2, 20
작은곰자리 9
사자자리 12, 14
수성 26
스타호핑법 12
스피카 15
시리우스 20
쌍둥이자리 8, 13, 20
아르크투루스 15
안드로메다자리 18
안타레스 16, 17

알데바란 21
알타이르 16
양자리 19
오리온의 허리띠 21
오리온자리 3, 20, 21
유성우 23
은하 22
전갈자리 17
제임스 웹 우주 망원경 7
지극성 9
처녀자리 15
천왕성 27
카스토르 20
카시오페이아자리 13, 18, 19
카펠라 21

큰개자리 2, 20
큰곰자리 12, 14
토성 6, 27
페가수스자리 19
페르세우스자리 19
폴룩스 20
프로키온 20
플레이아데스성단 6, 19, 21
해왕성 27
헤라클레스 14, 17
헤르쿨레스자리 17
화성 26
황소자리 3, 19, 21
히아데스성단 21

사진 저작권:

6쪽(br) Cynthia Lee / Alamy Stock Photo. 7쪽(ml) ESA/Webb, NASA, CSA, Tom ray (Dublin). 9쪽(br) Razvan Cornel Consantin / Alamy Stock Photo. 11쪽(tr) NASA. 22쪽(tr) Science Photo Library / Alamy Stock Photo.

이 책은 스텔라리움 프로그램(Stellarium.org)의 별자리 지도를 사용하였고, 천문학자 스티브 헤이틀리의 추가 감수를 받았습니다.